Monika Rühl / Jochen Hoffmann

Chancengleichheit managen

Monika Rühl / Jochen Hoffmann

Chancengleichheit managen

Basis moderner Personalpolitik

GABLER

Die Deutsche Bibliothek – CIP-Einheitsaufnahme
Ein Titeldatensatz für diese Publikation ist bei
Der Deutschen Bibliothek erhältlich

Monika Rühl ist Leiterin des Bereichs Change Management und Diversity bei der Lufthansa AG, Frankfurt.

Jochen Hoffmann war Leiter des Bereichs Konzern-Personalpolitik bei der Lufthansa AG, Frankfurt.

ISBN 978-3-409-11825-5   ISBN 978-3-322-90215-3 (eBook)
DOI 10.1007/978-3-322-90215-3
1. Auflage Oktober 2001

Alle Rechte vorbehalten
© Betriebswirtschaftlicher Verlag Dr. Th. Gabler GmbH, Wiesbaden 2001

Lektorat: Barbara Roscher / Renate Schilling

Der Gabler Verlag ist ein Unternehmen der Fachverlagsgruppe BertelsmannSpringer.
www.gabler.de

Umschlaggestaltung: Ulrike Weigel, www.CorporateDesignGroup.de

Gedruckt auf säurefreiem und chlorfrei gebleichtem Papier

Zur Einführung

Die Human Resources-Arbeit in den Unternehmen gewinnt ständig an Bedeutung, da sich viele Produkte in Preis und Qualität kurz nach dem Markteintritt kaum noch unterscheiden. Den Unterschied macht der Mensch – Mann wie Frau. Sein Beitrag verleiht dem Produkt die Originalität. Das heißt, alle personalpolitischen Maßnahmen haben ein einziges Ziel: den Menschen als wesentlichen Faktor bei der Produkterstellung und Dienstleistung zu gewinnen. Dieses Buch möchte bei den Entscheidungen darüber, welches der richtige Weg hierzu ist, Hilfestellung geben.

Das vergangene Jahrzehnt war geprägt vom Aufbruch in eine neue Dimension von Globalisierung. Inzwischen ist sie tägliche Realität im Leben der Menschen zumindest in den Industrienationen, allerdings holen die Schwellenländer wie beispielsweise Indien mit rasantem Tempo auf. Globale Märkte, sich verstärkender Druck auf die Preise, weil die Kunden klug werden: Sie können über das Internet vergleichen und dem günstigsten Anbieter den Zuschlag erteilen. Kunden nutzen heute viele Wege, sich Dienstleistungen und Produkte zu beschaffen. Aufgabe der Anbieter ist es daher, die Kommunikationswege zu verbinden, so dass die Kunden auch auf unterschiedlichen Wegen Antwort auf ihr Begehren erhalten.

Die Digitalisierung von Prozessen wird deshalb weiter voranschreiten, auch in der Personalarbeit. Hier liegt die Herausforderung des angebrochenen Jahrzehnts.

Die noch vor wenigen Jahren virulente Diskussion um ein reines „Shareholder Management" oder das sanftere „Stakeholder Management" hat ein Ende gefunden. Unternehmen haben nur dann eine „licence to operate", wenn sie nachhaltig arbeiten, d.h. wenn sie die Interessen aller Stakeholder berücksichtigen. Der Aktienmarkt beweist, dass Unternehmen, die dem Dow Jones Sustainability Group Index[1] angehören, innerhalb eines Jahres eine durchschnittliche Aktienperformance von 174 Prozent – gegenüber 122 Prozent anderer Unternehmen – erreichen. Nachhaltigkeit bezieht sich auf die Faktoren Ökonomie, Ökologie und Soziales. Chancengleichheit findet sich dabei unter „Soziales" wieder.

Die Unternehmensstruktur fokussiert dabei auf die Dreiecksbeziehung Aktionär, Kunden und Mitarbeiter. Alle drei Faktoren, die ohnehin nicht disjunkt sind, sind zueinander interdependent. Nur engagierte und motivierte Mitarbeiter und Mitarbeiterinnen leisten einen guten Service am Kunden. Das heißt, jeder Mensch muss persönliche Wertschätzung erfahren, denn eine nachhaltige Wertschöpfung ist nur durch Wertschätzung möglich. Die in einem Unternehmen praktizierte Zuwendung darf sich nicht auf einzelne spezielle Gruppen konzentrieren. Sie muss sich Strategen und Querdenkern genauso widmen wie denjenigen, die Tag für Tag den Routinebetrieb sicherstellen, die, mit anderen Worten, die Kärrnerarbeit verrichten.

---

[1] Diesem gehören jeweils die top zehn Prozent einer Industrie an. Lufthansa gehört seit 1999 dazu.

Seit der Nachkriegszeit entwickelte sich ein Trend unaufhaltsam: die Individualisierung. Jeder Mensch ist einzigartig; entsprechend will er sich von anderen unterscheiden. Dies gilt auch für die Arbeit in den Unternehmen. Die ordnende Regelwerke sind hingegen stark kollektivrechtlich geprägt und können den individuellen Wünschen nicht immer gerecht werden. Der demografische Wandel zwingt Unternehmen in zunehmendem Maße, auch Gruppen für eine Mitarbeit zu gewinnen, denen bisher nicht die größte Aufmerksamkeit zuteil wurde: Frauen, Ältere, Behinderte und auch Menschen aus anderen Ländern. Im Sinne eines Innovationsmanagements bietet die Vielfalt der Mitarbeiterschaft den Unternehmen auch echte Chancen für Kreativität. Homogene Teams erleichtern das Miteinander, heterogene erhöhen die Komplexität. Allerdings darf nicht verkannt werden, dass nur heterogene den Markt widerspiegeln.

Innovationen kommen seltener aus der Homogenität, denn aus der Heterogenität. Eine wissensbasierte Wirtschaft braucht das Engagement aller Mitarbeitenden, ihre Neugier und ihren Wunsch, etwas zu verändern. Erfolgreiche Unternehmen setzen auf die Chancen der Vielfalt in der Mitarbeiterschaft.

Chancengleichheit stellt für uns nur einen Baustein dar. Sicherlich können Unternehmen hier auf Fortschritte und Erfolge verweisen. Allerdings wird es ohne die Spektralerweiterung der männlichen Rolle keinen Quantensprung geben. Es muss für Männer genauso „normal" werden, zwischen Beruf, Familie oder beidem wählen zu können. Nur in diesem Fall können sich Frauen ganz auf ihre berufliche Aufgabe konzentrieren. Lufthansa war in der Vergangenheit in vielen Punkten Trendsetter und möchte dies auch in Zukunft sein.

Stefan Lauer
Personalvorstand und Arbeitsdirektor
Deutsche Lufthansa Aktiengesellschaft

Inhaltsverzeichnis

1. Der Begriff „Chancengleichheit"

Ende der sechziger, bzw. zu Beginn der siebziger Jahre kam der Begriff „Frauenförderung" auf, mit dem – und den dahinter stehenden Förderungsmaßnahmen für Frauen im Beruf – die dritte Emanzipationsbewegung[2] eingeleitet wurde. Aus heutiger Sicht wird kaum jemand leugnen, dass es in jener Zeit für Frauen ungleich schwerer war, Zugang zum Arbeitsmarkt zu bekommen, insbesondere, wenn die Frau verheiratet war. Speziell die Führungsfunktionen wurden fast ausschließlich von Männern wahrgenommen.

Im Verlauf der systematischen Analyse der Situation von Frauen im Arbeitsleben durch die Wissenschaft und der ersten Frauenförderprogramme im Öffentlichen Dienst wandelte sich der Begriff zu „Gleichstellung". Intendiert war das Ziel der gleichen Wertigkeit von Frauen und Männern. Frauen und Männer fanden sich zu jener Zeit weit stärker separiert in den öffentlichen Bereichen als heute. Frauen nahmen eher Aufgaben wie pflegen, kümmern und sorgen wahr – Tätigkeiten, die auch bei beruflicher Ausübung keine besondere Wertschätzung erfuhren (und auch heute noch nicht erfahren). Beide Begriffe, „Frauenförderung" und „Gleichstellung" sind nicht glücklich gewählt: Der erste signalisiert ein Defizit, über das durch Wohlwollen anderer hinweggesehen wird; der zweite suggeriert ein Ziel, das nicht nur nicht gewünscht sein kann, sondern die Unterschiede negiert.

Erklärungsansätze scheinen ähnlichen Moden zu unterliegen wie Bekleidungsstücke: Hielt man zu Beginn der siebziger Jahre nicht viel von biologischem Determinismus und glaubte, alles sei sozialisierbar, wenn denn die Intelligenz nur hinreiche, so hat es Mitte der achtziger Jahre einen diametralen Wandel in Richtung auf eine fast ausschließliche biologistische Annäherung gegeben: Alles, auch soziales Verhalten, läge in den Genen, wenig sei durch Erziehung veränderbar. Heute befinden wir uns in der Ära der Synthese: Es ist ein Sowohl-als-auch. Hinzu kommt, dass seit der dritten Emanzipationsbewegung der Glaube vorherrschte, die Welt würde sich androgyn annähern, das heißt, die Unterschiede zwischen den Geschlechtern würden sich verwischen. Demgegenüber wissen wir seit einigen Jahren mit Sicherheit[3], dass es erhebliche Unterschiede zwischen den Geschlechtern gibt; und zwar beziehen sie sich nicht allein auf phäno- und genotypische Merkmale, sondern vor allem auf das Verhalten. Bei aller Individualität der Menschen gibt es zwar eine Schnittmenge, in der sich weibliches und männliches Verhalten – und umgekehrt – kaum unterscheiden, aber zumindest in der Attribuierung treten bestimmte Verhaltensweisen bei jeweils einem Geschlecht gehäuft auf.

Dazu gehören unter anderem die unterschiedliche Vernetzung der Hirnhälften (bei Frauen ist die Vernetzung zwischen linker und rechter Hälfte ausgeprägter als bei Männern), die Orientierung an reiner Zielerreichung (eher Männer) bzw. an dem Weg

---

[2] Die erste begann Mitte des 19. Jahrhunderts, die zweite lag zu Beginn des 20. Jahrhunderts und fand spätestens mit Beginn des „Dritten Reiches" ihr Ende.
[3] Z.B. Höhler/Koch, „Der veruntreute Sündenfall"

dorthin (eher Frauen)[4]. Sally Helgesen[5] behauptet, Frauen gingen verantwortungsvoller und intuitiver vor, sähen klarer die menschliche Seite von Problemen, seien eher bereit, Hierarchien zu durchbrechen und hätten kein Verständnis für umständliche protokollarische Regelungen. Deborah Tannen[6] beschreibt Männer als Etablierer und Wahrer von Hierarchien und sieht erhebliche Unterschiede im Kommunikationsverhalten.

„Gleichstellung" würde demnach den Ansatz verfolgen, Ungleiches gleichzustellen. Abgesehen davon, dass beide Begriffe, „Frauenförderung" und „Gleichstellung" in der Wirtschaft negativ belegt sind, werden sie dem personalpolitischen Ziel kaum gerecht.

„Chancengleichheit" leugnet demgegenüber Geschlechterunterschiede nicht, sondern versucht, bisher verschiedene Startchancen auszugleichen. „Chancengleichheit" greift nach dem Schaffen gleicher Ausgangschancen nicht mehr steuernd in die Prozesse ein. Was Frauen oder Männer aus den gleichen Chancen machen, hängt allein von ihnen selbst ab, das heißt von ihrem Einsatz und ihrer Leistung.

Es haben sich im Verlauf der vergangenen Jahre weitere Begriffe wie „Chancenfairness" oder „Chancengerechtigkeit" herausgebildet. „Chancenfairness" geht vielleicht sogar noch einen Schritt weiter als „Chancengleichheit". Besonders durch die Diskussion um Unternehmensethik ist aus den USA der dort weit verbreitete Grundsatz der Fairness als ein Grundwert über den Atlantik zu uns gekommen. Auch wenn Fairness immer ein unerreichbares Ziel bleiben wird, so kann aus dem Bemühen um sie durchaus ein positiver Impuls entstehen.

Bei „Gerechtigkeit" liegt die Vermutung einer zu stark idealisierten Arbeitswelt nahe. Gerechtigkeit wird zumeist eher ex post, denn antizipierend geschaffen. Das heißt, dass „Gerechtigkeit" reaktiv bei Verletzung von Gerechtigkeitsprinzipien wiederhergestellt werden soll. Letztlich ist dieses Wort Repräsentant für eine eher statische Betrachtung und wird der Dynamik des Arbeitslebens kaum gerecht.

Es muss an dieser Stelle ebenfalls darauf hingewiesen werden, dass der Begriff „Gerechtigkeit" in diesem Zusammenhang eher untauglich ist, weil mit ihm eine gleichsam allgemeinverbindliche Beschreibung eines bestimmten, objektiv unmessbaren Zustandes gegeben werden soll. Das „Gerechtigkeitsempfinden" ist demgegenüber subjektiv determiniert. Gerechtigkeit herzustellen ist auch nicht etwa die Aufgabe der Gerichte. Sie wären überfordert. Ihr Ziel besteht lediglich darin, einen akuten Streit nach verabredeten Spielregeln – den prozessualen Vorschriften und den materiellen Rechtsgrundlagen – zu schlichten. Oder aber dort zu strafen, wo sich das Individuum gegen die bestehende Ordnung wendet und diese in einem Maße verletzt, das staatliches Handeln erfordert, um das entstandene Ungleichgewicht zu beseitigen.

---

[4] Höhler/Koch, dto.
[5] Sally Helgesen, „Frauen führen anders – Vorteile eines neuen Führungsstils"
[6] Deborah Tannen, „Job Talk – Wie Frauen und Männer am Arbeitsplatz miteinander reden"

Festzuhalten bleibt also, dass die Forderung nach „Gerechtigkeit" im Arbeitsleben letztlich unerfüllbar ist. Es geht um eine Gleichbehandlung entsprechend den vorhandenen Fähigkeiten, aber eben ohne Ansehen von Alter, Geschlecht, Herkunft, Religion, Behinderung etc. Insofern ist die Forderung unseres Grundgesetzes (vgl. Artikel 3, Absatz 2: „ Männer und Frauen sind gleichberechtigt. Der Staat fördert die tatsächliche Durchsetzung der Gleichberechtigung von Frauen und Männern und wirkt auf die Beseitigung bestehender Nachteile hin.") auch auf das Arbeitsleben anwendbar, obwohl die Verfassungsrechtler mit den Grundrechten in erster Linie das Verhältnis zwischen Staat und Bürgerinnen und Bürgern regeln wollten und nicht an die Beziehung Arbeitgeber/Mitarbeiter/-in gedacht haben.

Weitere Begriffe wie „Diversity" und „Work-Life-Balance" bzw. „Work-Life-Integration" werden im Kontext mit den jeweiligen Inhalten in Kapitel 5 geklärt.

2. Warum sollten Unternehmen eine chancengleiche Personalpolitik betreiben?

Jede Änderung, mit der ein Unternehmen aus gewohntem Fahrwasser bewegt werden soll, bedarf ausführlicher und überzeugender Begründung oder äußerer Zwänge, denen man mit bewährten Strategien nicht mehr erfolgreich begegnen kann. Dabei variieren die Veränderungsgeschwindigkeiten erheblich: Schnelle Veränderungen werden fast immer durch Krisen ausgelöst. Veränderungen, die auf Erkenntnissen basieren, fallen unter „Evolution" und bedürfen einer längeren und systematischen Begleitung: Zieldefinition, Analyse des Status quo, Wahl des Weges, Kommunikation und Zwischenfeedbacks. Das gilt für das Postulat nach chancengleicher Personalpolitik genauso wie für die Einführung von Teilzeitarbeit, gleitender Arbeitszeit, flexible, sich am persönlichen und dem Erfolg des Unternehmens orientierende Vergütungssysteme oder Telearbeit, um nur einige Beispiele zu nennen.

Nun ist der Ruf nach gleichen Chancen für alle ja keineswegs eine Erfindung unserer Tage.[7]

2.1. Historie

Die Geschichte des Engagements von Frauen, eine stärkere Partizipation im öffentlichen Leben zu erreichen, ist zeitlich nicht auf einen Punkt fixierbar. Es gab zu allen Zeiten – teilweise nur zaghaft – Bemühungen darum. Frauen haben in fast allen Bereichen wie Wissenschaft, Kultur, Literatur, aber auch in der Politik Geschichte geschrieben, die jedoch zum Teil nicht oder nur verzerrt wiedergegeben wurde. So hat es am Ende des Mittelalters sogar eine Reihe von Päpstinnen gegeben – ein Phänomen, das in unserer heutigen aufgeklärten Zeit als eher undenkbar scheint. Erst im Verlauf des vergangenen Jahrhunderts fand eine systematischere Suche nach den öffentlichen Leistungen von Frauen statt.

Frauen tauchten in der frühen Neuzeit – neben den „klassischen Rollen" der Mutter, Gemahlin und Geliebten – in Form von Trägerinnen der „Salonkultur", die eine nicht unerhebliche Rolle für das Gedeihen von Literatur und Musik genossen, aber auch bereits in der Wirtschaft und in der feudalen Politik – als Königinnen oder Fürstinnen - auf[8].

Seit mehr als 150 Jahren bemühen sich Frauen (und einige Männer[9]) um gleiche Rechte für beide Geschlechter. Bereits Mitte des 19. Jahrhunderts, im Zusammenhang mit der Revolution 1848, in der sich Bürger gegen Absolutismus und staatliche Willkür auch für

---

[7] Die nun folgenden Begründungen und Auslöser stellen eine Auswahl von denkbaren Motiven dar, werden aber keineswegs in dieser Vollständigkeit anzutreffen sein.
[8] Georges Duby, Michelle Perrot, Geschichte der Frauen, Band 1, Frühe Neuzeit
[9] zum Beispiel erschien 1879 August Bebels „Die Frau und der Sozialismus"

eine Gleichberechtigung aller Klassen engagierten, traten einige wenige Frauen mit der Forderung nach Gleichberechtigung für Frauen in Erscheinung.[10] Der Widerstand der Männer setzte ein, als sich Frauen zu organisieren begannen. Erst später mit Persönlichkeiten wie Theodor Heuß (und seiner Frau, Elly Heuß-Knapp) gewannen Themen wie das Wahlrecht für Frauen an Bedeutung. Zu Beginn des 20. Jahrhunderts war es laut preußischem Vereinsrecht „Frauenspersonen, Schülern, Lehrlingen und Geisteskranken" verwehrt, Mitglied in einer politischen Partei zu werden.[11]

Nach dem Ersten Weltkrieg erhielten 1918 alle Frauen in Deutschland das aktive und passive Wahlrecht, was jedoch nicht dazu führte, dass sie in das öffentliche Leben integriert worden wären. Nach der Phase des die Frauen in die reine Familienfunktion zurückdrängenden Nationalsozialismus' begann der Kampf um politische Gleichberechtigung 1945 wieder ganz von vorne. Allerdings ließen sich die Frauen diesmal nicht ohne weiteres wieder zurückdrängen. Das sah in der Wirtschaft zunächst noch anders aus: Da in der Zeit des Wiederaufbaus der Wirtschaft durch Tod und Kriegsgefangenschaft Männer fehlten, wurden diese „Lücken" durch Frauen geschlossen. In dieser Zeit bewährten sich Frauen nicht nur als „Trümmerfrauen", die den Schutt des Krieges aus den Städten beseitigten, sie führten zumeist in eigener Regie Unternehmen und Geschäfte. Sie konnten ihre Eignung für diese Aufgaben unter Beweis stellen. Umso erstaunlicher ist es – auch heute teilweise noch – dass manche Männer ihnen die Kompetenz dafür absprachen und glaubten, nur durch ihre eigene Führung füge sich alles zum Besseren.

Nachdem dem Arbeitsmarkt – nach Rückkehr vieler Männer aus dem Krieg - wieder genügend Männer zur Verfügung standen, wurden Frauen mittels der Ideologie, nach der es als Zeichen von Unterprivilegiertheit angesehen wurde, wenn Frauen arbeiteten, systematisch aus dem Arbeitsleben gedrängt. Ein Teil dieser Ideologie ist auch heute noch spürbar und tritt immer dann in Erscheinung, wenn ein Zusammenhang zwischen der Qualität der Erziehungsarbeit für den familiären Nachwuchs und der Lebensform „Hausfrau" geschaffen wird. Einerseits lässt sich die familienbedingte Pause bei Frauen mit dem Nachwuchs begünstigenden Umstand der langen Stillzeit durchaus begründen. Andererseits haben Frauen in den niederen Gesellschaftsschichten immer sowohl die Familienarbeit geleistet als auch zum Beispiel in der Landwirtschaft, mitgearbeitet. Dies war trotz der großen Kinderzahl oft blanke Notwendigkeit zum Überleben[12]. Umgekehrt haben in den gehobenen Schichten Frauen trotz ihrer Familienpräsenz nicht die Haushalts- und Kinderpflegearbeit übernommen. Dafür gab es selbstverständlich Personal. Aus heutiger Perspektive tun sich Frauen mit der Doppelfunktion schwer: Sie haben im Hinblick auf beide Lebensbereiche ein schlechtes Gewissen, dass diese zu kurz kämen.

---

[10] Louise Otto-Peters, 1819 – 1895, die unter anderem die Denkschrift „Das Recht der Frauen auf Erwerb" verfasste. Helene Lange, 1848 – 1930, die Frauen den Zugang zum Abitur und zum Studium eröffnete.
[11] Hildegard Hamm-Brücher: Hundert Jahre Frauenemanzipation – eine Erfolgsgeschichte? In: Bernd Fahrholz (Hrsg.), Frauen, Karriere, Familie
[12] Als Rest aus dieser Arbeitshaltung kann man den obligatorischen Kräuter- und Gemüsegarten an fast jedem Einfamilienhaus deuten.

Ganz anders sah die Situation in der DDR aus – eine Verdrängung der Frauen vom Arbeitsmarkt fand nicht statt. Im Verlauf der 40-jährigen Existenz des zweiten deutschen Staates wurde deutlich, dass Material teurer – weil meist importiert – war als Menschenarbeit. Die Frauen wurden also als Arbeitskräfte dringend benötigt. Folglich war die Bereitstellung der Infrastruktur für die Betreuung der Kinder – allerdings auch für die ideologische Infiltration – kein Streitpunkt, sondern in ausreichendem Maße vorhanden. Wegen der Notwendigkeit, die Frauen am Erwerbsleben zu beteiligen, stand die Ideologie diametral der Westdeutschlands und West-Berlins entgegen. Sehr anschaulich lässt sich dies darstellen an der unterschiedlichen Interpretation von „Aschenputtel". In der Grimmschen Westvariante repräsentiert Aschenputtel die unterdrückte, bildschöne Haussklavin, die per Zufall den Prinzen trifft und weiterhin passiv duldend auf ihn wartet. Auch nach der Ehelichung mit dem Prinzen verbleibt sie in der Rolle der passiven Schönen.

Dagegen in der DEFA-Filmfassung, „Drei Haselnüsse für Aschenbrödel" aus dem Jahre 1973 ist Aschenputtel das ausgegrenzte, auf niedere Arbeiten reduzierte Hausmädchen, das sich jedoch lausbubenartig Freiräume schafft, in denen es selbstbewusst auf Bäume klettert und per Pferd die Umgebung erkundet. Dabei lernt es den Prinzen kennen, nimmt ihn nicht sonderlich ernst, reitet schneller und besser als dieser. Seine späteren drei Verwandlungswünsche nutzt es zur Veränderung seiner Lebenssituation. Die Heirat mit dem Prinzen repräsentiert hier also eher die „Personalentwicklung" einer aktiven Frau, denn die Rückentwicklung auf die passive, dem Mann untergeordnete und ihm wohlfeile Frau. Also ein Partnerschaftsmodell, keines, das Hierarchien schafft.

Erst zum Ende der sechziger Jahre, mit dem Einsetzen der Studentenrevolten, veränderte sich auch allmählich etwas für Frauen. Sie waren es leid, Schlusslicht in der Gesellschaft zu sein. In dieser Zeit befreite sich auch die Sexualität der Frauen und Männer. Die sexuelle Selbstbestimmung bahnte sich ihren Weg und fand später auch Niederschlag in Gesetzen[13] [14]. Die sexuelle Revolution wurde begünstigt durch die Erfindung der Anti-Babypille und flankiert durch das Medieninteresse, das das Thema fand. In der Folge der Unruhen schlug das Pendel sicher zu stark aus – eigentlich ein normaler Prozess bei Veränderungen so grundlegender Natur. Männer repräsentierten für Frauenrechtlerinnen das Übel per se. Geschlechtertrennung und Fragen nach der Wertigkeit der Geschlechter, zu denen jeder ein anderes Urteil besaß, konnten zwar auf Benachteiligungen und Unterdrückungsmechanismen aufmerksam machen, sie jedoch nicht wirksam beseitigen. In dieser Zeit wandelte sich für Frauen die Bedeutung der Arbeit: von notwendigem Übel zu Selbstbestimmung, Selbstbestätigung, wirtschaftlicher Unabhängigkeit, also zur Bereicherung. Möglicherweise erhält in Zukunft auch bei Frauen die Arbeit einen identitätsstiftenden Stellenwert. Männer hatten in dieser Zeit der geburtenstarken Jahrgänge eine nicht unbedingt unterstützende Haltung zur Frauenerwerbstätigkeit, da dadurch eine zusätzliche Konkurrenz entstand. Bei Männern ist zu beobachten, dass ihr

---

[13] Die sexuelle Selbstbestimmung der Ehefrauen hatte bereits mit dem Wegfall der §§ 1354 und 1358 des BGB mit Wirkung zum 1.7.1958 begonnen.
[14] Änderung z.B. der §§ 1356 und 1357 BGB mit Wirkung zum 1.7.1977, womit die Berufstätigkeit und Geschäftsaktivitäten von Ehefrauen nicht mehr der Zustimmung des Ehegatten bedurften und § 175 StGB, der Homosexualität unter Strafe gestellt hatte.

Selbstwert bei Verlust der Arbeit gegen Null konvergiert. Dies gilt heute erst für wenige Frauen, da ihnen das „Hintertürchen" Familienarbeit offen steht. Ebenfalls mit Einsetzen der 68-Revolution erhielt „die Ehe" einen modifizierten Stellenwert: War nicht Verheiratetsein bis dahin die große Ausnahme, so erklärte die 68-Generation die Ehe als Hort der Ewiggestrigen. Allenfalls bei der Geburt von Kindern konnte sie von besonders Mutigen in Erwägung gezogen werden. Die Modifikation des Heiratsverhaltens zeigt sich besonders deutlich bei den heute 40-55-jährigen, wirkt jedoch auch in die junge Generation von heute hinein.

Erst zu Beginn der neunziger Jahre begann eine konstruktivere Herangehensweise, die die Unterschiede nicht mehr leugnete, sie im Gegenteil für produktiv erklärte und somit die bessere Integration von Frauen in alle Bereiche des öffentlichen Lebens ebnete. Aber auch dies hat eher wirtschaftliche, also Marktargumente als solche anderer Natur: Inzwischen – nach dem Pillenknick – standen dem Arbeitsmarkt nicht genügend geeignete Männer zur Verfügung, womit Frauen ins Blickfeld gerieten. Zudem hatten sie inzwischen das Qualifizierungsdefizit überwunden.

2.2. Rechtliche Begründung

Im modernen Deutschland manifestierte sich der Gedanke, dass niemand auf Grund von Tatsachen, für die er nicht haftbar zu machen ist, benachteiligt werden darf, spätestens mit der Kodifizierung der Grundrechte, Art. 1-19, 101, 103, 104 des am 23.05.1949 verabschiedeten Grundgesetzes.

In diesem Gesetz, dem zwar von seinen Schöpfern ein „Übergangscharakter"[15] unterstellt wurde, das aber nun nach Schaffung der deutschen Einheit Verfassung für das gesamte Deutschland geworden ist, heißt es in Artikel 3, Absatz 2 : „ Männer und Frauen sind gleichberechtigt". Und in Absatz 3 „Niemand darf wegen seines Geschlechts, seiner Abstammung, seiner Rasse, seiner Sprache, seiner Heimat und Herkunft, seines Glaubens, seiner religiösen oder politischen Anschauungen benachteiligt oder bevorzugt werden. Niemand darf wegen seiner Behinderung benachteiligt werden."

Nun wird dieses Grundrecht den Bürgern zwar zunächst nur gegenüber dem Staat garantiert[16], jedoch ist mittlerweile unbestritten, dass das Gleichbehandlungsgebot bereits auf der Basis des Grundgesetzes Einzug in privatrechtliche Vertragsverhältnisse, also z. B. auch in ein Arbeitsverhältnis, gehalten hat (siehe auch Artikel 3, Absatz 2 des Grundgesetzes in der Fassung vom 14.07.98: „Der Staat fördert die tatsächliche Durchsetzung der Gleichberechtigung von Frauen und Männern und wirkt auf die Beseitigung bestehender Nachteile hin"). Die Europäische Union hat sich hier unmissverständlich festgelegt: Im Vertrag von Amsterdam wird die Gleichbehandlung von Männern und Frauen ausdrücklich als eine der von der Gemeinschaft angestrebten

---

[15] S. Präambel: „... um dem staatlichen Leben für eine Übergangszeit eine neue Ordnung zu geben"
[16] Artikel 1, Absatz 3 des Grundgesetzes: „Die nachfolgenden Grundrechte binden Gesetzgebung, vollziehende
  Gewalt und Rechtsprechung als unmittelbar geltendes Recht."

Aufgaben (Artikel 2) und Tätigkeiten (Artikel 3) festgeschrieben. Gemäß dem neuen Artikel 6a kann der Rat auf Vorschlag der Kommission einstimmig geeignete Vorkehrungen treffen, um jegliche Art der Diskriminierung – auch aufgrund des Geschlechts – zu bekämpfen. Außerdem wurde der Anwendungsbereich von Artikel 141 durch den Grundsatz des gleichen Entgelts bei gleicher oder gleichwertiger Arbeit erweitert. Ferner ist in dem neuen Absatz 3 dieses Artikels vorgesehen, dass der Rat gemäss dem Mitentscheidungsverfahren Maßnahmen zur Gewährleistung der Anwendung des Grundsatzes der Chancengleichheit von Männern und Frauen in Arbeits- und Beschäftigungsfragen trifft. In dem neuen Absatz 4 dieses Artikels erhalten die Mitgliedstaaten die Möglichkeit, zugunsten des unterrepräsentierten Geschlechts spezifische Vergünstigungen zum Ausgleich von Benachteiligungen in der beruflichen Laufbahn beizubehalten oder zu beschließen.

2.2.1. Fairness aus rechtlicher Perspektive

Alles in Ordnung also? Spätestens seit 1949? - Mitnichten.
Mit großer Hartnäckigkeit verstoßen viele Arbeitgeber zum Beispiel immer noch gegen den Grundsatz „gleicher Lohn für gleiche Arbeit". Sie berufen sich dabei darauf, dass zwar Gleiches gleichbehandelt werden muss, Ungleiches aber, entsprechend seiner Ungleichartigkeit auch eine unterschiedliche Behandlung zulässt. So kommt es eben, dass auch heute noch die Frauen in Europa in der Entgeltpolitik gegenüber den Männern eklatant benachteiligt werden. Am gravierendsten stellen sich die Unterschiede in Großbritannien[17]dar. Hier müssen sich Frauen mit durchschnittlich 60 Prozent des Gehaltes begnügen, das Männern für die gleiche Tätigkeit gezahlt wird. Über 40 Jahre, hat man dort ausgerechnet, müssten noch vergehen, bis Frauen mit Männern gleichgezogen hätten[18].

Demgegenüber kommen Italienerinnen und Österreicherinnen auf ca. 80 Prozent der „männlichen Vergütung". In Deutschland betrug die Differenz circa 30 Prozent. Erstaunlicherweise ist die Kluft auch in den Vereinigten Staaten sehr groß: Frauen verdienen hier nur circa 64 Prozent des Durchschnittslohns der Männer.

Führt man sich demgegenüber die evidenten Vorteile vor Augen, die eine an Chancengleichheit orientierte Personalpolitik hervorruft, will rechtes Verständnis für diese Haltung nicht aufkommen. Um vielleicht doch noch zu einer Änderung vorhandener Einstellungen mit beizutragen, sollen sich die folgenden Abschnitte mit den sogenannten „weichen Faktoren" der Unternehmensaktivitäten, den Trägern der Unternehmenskultur, beschäftigen.

---

[17] Franks, Suzanne, Das Märchen von der Gleichheit, Frauen, Männer und die Zukunft der Arbeit
[18] dto.

Die Begründung für eine chancengleiche Personalpolitik lässt sich nicht nur an wirtschaftlichen und rechtlichen Argumenten festmachen, sie fußt auch in der Philosophie.

2.3. Philosophie der Chancengleichheit

Auf der Basis der oben beschriebenen Rahmenbedingungen haben sich bei Lufthansa erste Aktivitäten zu einer am Postulat der Chancengleichheit orientierten Personalpolitik zum Ende der sechziger Jahre entwickelt. Bevor auf diese eingegangen wird, seien kurz philosophische Beweggründe für ein faires Miteinander der Geschlechter dargestellt. Dabei können drei philosophische Disziplinen Motive für Handeln im Sinne der Chancengleichheit bieten: Ethik, Anthropologie und Erkenntnistheorie[19].

2.3.1. Ethik

Wird das Ziel der chancengleichen Personalpolitik formuliert, so erfolgt dies meist im Kontext moralphilosophischer Reflexion und Legitimation. In diesem Zusammenhang ist die Chancengleichheit eine ethische Basisnorm, die auf Respekt, Achtung, Rücksicht und Fairness aufbaut und selbst eine Grundlage der Menschenwürde bildet. Gilt die Menschenwürde als moralische Grundnorm, sind Chancengleichheit zwischen Mann und Frau und die Gerechtigkeit zwischen den Geschlechtern notwendige Postulate.

Jedoch klaffen auch im Hinblick auf Chancengleichheit nicht nur Wunsch und Wirklichkeit auseinander, sondern auch Selbst- und Fremdwahrnehmung. Jeder Mensch, zumindest in der westlichen Welt, wird wohl für sich in Anspruch nehmen, auf ethischer Basis zu handeln. Dennoch: Es gibt innerhalb von Unternehmen durchaus Erscheinungen wie „Mobbing", womit deutlich wird, dass Respekt und Achtung zumindest nicht beim Adressaten ankommen, falls sie überhaupt je vom Sender verschickt wurden.

Fairness ist ein Aspekt des menschlichen Handelns, der eher in angelsächsischen Staaten in größerem Umfang angetroffen werden kann. Im Gegensatz zu Mitteleuropa ist dort das Handeln nicht normorientiert, sondern „common sense" ist als eine empirische Größe implementiert. Allerdings wird auch in den Vereinigten Staaten von Amerika und in Großbritannien ein Manko an Fairness im Hinblick auf Umgang, Entwicklungschancen und Vergütungen zwischen den Geschlechtern gesehen.

Lässt sich das wirtschaftliche Denken auf die Ethik ein, kann es anthropologische und epistomologische Aspekte nicht übergehen, da jede Ethik anthropologische und erkenntnistheoretische Vorstellungen impliziert.

---

[19] Epistomologie

2.3.2 Anthropologie

Eine Anthropologie der Chancengleichheit geht von der naturrechtlichen Gleichheit[20] aller Menschen aus, woraus sich gleiche Rechte für Frau und Mann ergeben. Eine Anthropologie, in der Mann und Frau als Konkretisierung des Menschseins gelten, beachtet die Unterschiede lediglich auf der biologischen Ebene. Dabei erfahren die biologischen Unterschiede keine Wertung und führen so auch nicht zu einer Geschlechterhierarchie.

Allerdings darf der kritische Geist durchaus die Frage stellen, warum gerade bei Menschen eine naturrechtliche Gleichheit bestehen sollte, wo es sie in der gesamten Tierwelt nicht gibt. Dort ist mal das weibliche, mal das männliche Tier dominant. Damit dürfte die Anthropologie nur bedingt Argumentationsmaterial für eine am Postulat der Chancengleichheit orientierte Personalpolitik bieten.

2.3.3. Erkenntnistheorie

Argumente gegen die Gleichberechtigung der Geschlechter resultieren aus einer reduzierten Sicht auf den Menschen und widersprechen jedem humanen Ansatz. Dennoch können die Unterschiede zwischen den Geschlechtern nicht einfach ausgeblendet werden. In der erkenntnistheoretischen Diskussion spielen die geschlechtsspezifischen Differenzen in Wahrnehmung, Erleben und Erfahrungen neuerdings sehr wohl eine Rolle, jedoch nicht für Auf- und Abwertung, sondern als Grundlage für Ergänzung und Wechselseitigkeit.

Erkenntnistheoretische Konsequenzen der Gleichstellung der Geschlechter bedeuten die Überwindung des männlich-weiblichen Dualismus, bei dem die Geschlechterbeziehung durch Asymmetrie und hierarchisch-organisatorische Rahmenbedingungen die männliche Dominanzkultur festigt[21]. Die Gleichstellung besteht nicht in der Anpassung an die Norm „Mann". Selbstverständliches muss de-konstruiert werden und schafft so Freiraum für Alternativen.

Wenn es geschlechtsspezifische Wahrnehmungen, Erlebnisse und Erfahrungen gibt, dann kann die Wahrheit nicht auf einer Seite allein liegen.

---

[20] Nicht im biologischen Sinne, sondern eher im Sinne von „Gleichwertigkeit"
[21] nach Auffassung der feministischen Philosophie

2.4. Androgynität oder Differenz

Die Diskussion über das Ziel der Anstrengungen um faire Chancen für beide Geschlechter führte in den siebziger und achtziger Jahren eher in Richtung auf eine androgyne Angleichung. Frauen eroberten Schritt für Schritt männlich besetzte Domänen. Männer durften Empfindsamkeit zeigen. Zudem waren diese beiden Jahrzehnte durch einen Trend in Richtung Kollektivierung geprägt, der Unterschiede nivellierte oder gar negierte.

Erst zu Beginn der neunziger Jahre relativierte sich die Sicht. Die Biologie diente immer öfter als Erklärungsansatz für menschliches Verhalten als der Behaviourismus. Später wies dann auch die Hirnforschung auf die Unterschiede bei der Ausprägung der Vernetzung der beiden Hirnhälften zwischen Männern und Frauen[22] hin. Die Erkenntnis, dass es erhebliche Unterschiede zwischen den Geschlechtern gibt, breitete sich aus. Heute wird dies im Sinne des Einbindens von Vielfältigkeit (Diversity) positiv bewertet.

2.5. Image

Größte Aufmerksamkeit widmet die Öffentlichkeit bekanntlich allen Themen, die mit dem Umweltschutz in Zusammenhang zu bringen sind. Dramatisches Beispiel aus jüngerer Zeit ist die Bohrinsel "Brent Spar" der Mineralölfirma Shell. In völliger Verkennung der Brisanz der Situation beschloss die Unternehmensleitung in England, die havarierte Bohrinsel auf dem Boden der Nordsee zu versenken, ein nach Meinung der Experten wirtschaftliches und nur begrenzt umweltfeindliches Handeln. Die aufgebrachte, eskalierende öffentliche Meinung in Deutschland wurde von der hiesigen Shell-Zentrale richtig eingeschätzt. Es gelang ihr aber nicht, der Konzernspitze in London zu vermitteln, dass ein Festhalten an dem gefassten Plan zu einem erheblichen Imageverlust, zu massivem Widerstand durch Umweltschützer an der Bohrinsel und schließlich auch zu erheblichen finanziellen Einbußen infolge von Boykotten durch die Kundschaft an den Tankstellen führen würde. Das letztendliche Einlenken und Verbringen der Insel an Land zur dortigen kontrollierten Entsorgung wurde als – verspätete – Reaktion auf den immensen Druck gewertet und konnte den entstandenen Imageschaden lediglich begrenzen. Die nachweisbaren über einen langen Zeitraum entstandenen Verluste waren als direkte Ursache auf die Fehleinschätzung der öffentlichen Haltung durch das Konzernmanagement auszumachen. Es wurde offenkundig, welch immense wirtschaftliche Auswirkungen auch oder vielleicht gerade dann entstehen können, wenn ein Unternehmen den "weichen Faktoren"[23] nicht die gehörige Aufmerksamkeit widmet.

Es liegt nicht nur nahe, sondern die Folgerung ist einfach zwingend, dass der Umgang eines Unternehmens mit Themen, die außerhalb von Vergütung, sowie der Absicherung und Sicherheit des Arbeitsplatzes liegen, ausschlaggebend ist für den Erfolg am

---

[22] Höhler/Koch, Der veruntreute Sündenfall
[23] Dazu gehören Umwelt-, Verbraucher-, Mitarbeiter-, Minderheitenorientierung, Umgang mit Informationen

Arbeitsmarkt. Dabei sind Konzepte zur Nachhaltigkeit der Unternehmensaktivitäten von entscheidender Bedeutung. Nachhaltigkeit wird bei Lufthansa durch die sogenannte „Triple Bottom Line" definiert, zu der die ökologische, die ökonomische und die soziale Nachhaltigkeit gehören. Nicht erst die Abstürze der Aktienkurse an sämtlichen Börsen haben die Fokussierung auf das reine „Shareholder Management" in Verruf gebracht. Eine mittel- und langfristige Existenzplanung wird außer den Aktionären immer auch die anderen relevanten „Stakeholder" wie die Kunden, Mitarbeiter und Mitarbeiterinnen, Lieferanten und das gesellschaftliche und ökologische Umfeld berücksichtigen.

2.5.1. Relevanz der weichen Faktoren

Weiche Faktoren haben Bedeutung sowohl für die Organisation als auch für das Individuum. Für Unternehmen gehören Fragen, wie ein Unternehmen intern und extern mit Informationen umgeht, wie es die Interessen seiner Verbraucher berücksichtigt, wie schonend es mit der Umwelt umgeht, aber auch die Rücksicht auf Arbeitnehmer- und Minderheitenbelange als weiche Faktoren auf die tägliche Agenda. Diese Faktoren sind auch imagewirksam. Sie repräsentieren gleichzeitig einen Teil eines Nachhaltigkeitskonzeptes, der zunehmend Akzeptanz in den Unternehmen findet, da ihm ein ganzheitlicher Ansatz zugrunde liegt. Weiche Faktoren beim Individuum sind die Kompetenzen, die meist mit „sozialer und persönlicher Kompetenz" umschrieben werden, also Kommunikationsverhalten, Teamorientierung, Antrieb, Intuition, um nur einige zu nennen. Dabei ergeben sich häufig Fehlinterpretationen: Durchsetzungsvermögen ist nicht gleichzusetzen mit Aggressivität. Selbstbehauptung hat nichts mit Feindseligkeit zu tun. Überlegenheit und Führungsverhalten unterscheiden sich deutlich von „Coolness".

Gerade die jetzt ins Berufsleben eintretende Generation beobachtet mit hoher Sensibilität die Haltung der Arbeitgeber gegenüber bestimmten Mitarbeitergruppen (z. B. berufstätigen Müttern, älteren Arbeitnehmern/-innen, Schwerbehinderten, alleinerziehenden Müttern und Vätern, Ausländern)[24], aber auch gegenüber der Umwelt (s.o.).

---

[24] S. dazu auch BIZZ/Capital 10/2000 (Abb.1) und die Shell-Studie „Jugend 2000"

Lufthansa: Ein Top-Unternehmen in Deutschland

Rang	Unternehmen
1	DaimlerChrysler
2	BMW
3	Lufthansa
4	Siemens
5	Porsche

BIZZCapital

Die beliebtesten Arbeitgeber Deutschlands
TOP 50 WIRTSCHAFT
(BIZZ 10/00)

trendence
Institut für Personal-marketing

Absolventenbarometer 2000
Deutsche Business Edition
(Juli 2000)

Rang	Unternehmen
1	Lufthansa
2	DaimlerChrysler
3	Siemens
4	BMW
5	TUI

Liebling der Frauen:
Fast jede fünfte deutsche Wirtschaftsstudentin würde am liebsten bei Lufthansa anheuern
(BIZZ 10/00)

Rang	Unternehmen
1	DaimlerChrysler
2	Siemens
3	Lufthansa
4	PriceWaterhouse Coopers
5	Porsche

Abb.1: „Jugend 2000", Quelle: Bizz, 10/00

Damit werden die ethische Grundausrichtung eines Unternehmens und die Generierung werteorientierter Leitsätze im täglichen Umgang mit den Mitarbeitenden zu den entscheidenden Einflussfaktoren auf die Unternehmensauswahl durch den/die Umworbenen.

2.6. Beschäftigungs-Prozesskette: attract – select – integrate – retain – rerecruit

Der Prozess, den ein Unternehmen vom Zeitpunkt des Wunsches, eine Aufgabe von einem Menschen wahrnehmen zu lassen, der dem Unternehmen noch nicht angehört, bis zum Ausscheiden und eventuell Wiedergewinnen ist ein weites Feld, auf dem sich chancengleiche Personalpolitik beweisen kann. Hiervon handeln die nachfolgenden Ausführungen.

2.6.1. Commitment

Entscheidend für den Erfolg eines Unternehmens am Arbeitsmarkt ist zunächst einmal – und hier liegt meist der Kern des Problems - die innere Haltung der Mitarbeiterschaft. Und diese beginnt bekanntlich in der Unternehmensspitze. Gibt es von dort kein klares Bekenntnis[25] zu einer auf Chancengleichheit gerichteten Personalpolitik, sind alle

---

[25] Dabei geht es nicht um ein Bekenntnis, gar ein Lippenbekenntnis, das sich oft in niedergeschriebenen Werten ausdrückt, sondern um die wirkliche Haltung der Unternehmensleitung zu diesem Thema, also dem

Bemühungen auf den hierarchischen Ebenen unterhalb der Geschäftsleitung von vornherein zum Scheitern verurteilt. Etwas zu ändern macht Mühe. Liebgewonnenes verlassen zu müssen erzeugt zunächst Widerwillen.[26] Nur das von eigener Überzeugung geprägte Durchgreifen der Unternehmensleitung, eventuell sogar die Durchführung eines Change Management-Prozesses können Richtungsänderungen in der Personalpolitik bewirken. Sodann bedarf es professioneller interner PR-Arbeit mit dem Ziel, das Unternehmen mit geänderter, modernisierter politischer Haltung kommunikativ zu durchdringen. Damit sollte eine über die Unternehmensgrenzen hinweggehende, breit angelegte externe Befassung mit den neuen Zielen einhergehen. Ob das nun mit Hilfe einer Agentur geschieht oder durch Einschaltung von Wirtschaftsjournalisten, die bereit sind, im redaktionellen Teil ihrer Medien über personalpolitische Themen zu schreiben, hat sich an den näheren Umständen im Einzelfall auszurichten. Entscheidend wird aber immer die Kontinuität sein, mit welcher die Dinge bewegt werden, sowie ihre interne und externe Kommunikation.

Es ist demnach festzuhalten, dass Personalpolitik in Gegenwart und Zukunft nur dann erfolgreich sein wird, wenn sie sich auch um Themen aus den sogenannten „weichen Feldern" kümmert. Hierbei handelt es sich in erster Linie um Chancengleichheit, ethische Grundhaltungen und – umfassend gesagt - darum, den Menschen in das Zentrum von Aufmerksamkeit und Sorge zu stellen. Nur Unternehmen, die das beherzigen, sind attraktive Wettbewerber am Arbeitsmarkt.

2.6.2 Recruitment – attract und select

Der Arbeitsmarkt als der Ort, an dem Angebot und Nachfrage darüber entscheiden, wer in welches Unternehmen eintritt, hat sich dramatisch verändert. Inzwischen dürfte es allgemeine Überzeugung geworden sein, dass wir es nicht mehr mit einem „Anbietermarkt", sondern mit einem „Bewerbermarkt" zu tun haben. Die qualifizierte Humanressource steht im Zentrum der Bemühungen des Unternehmens, sie hat die freie Auswahl zwischen zahlreichen guten Möglichkeiten.

Eine konsequente auf Chancengleichheit abzielende Personalpolitik ist einer dieser „weichen Faktoren", die eine Arbeitgeberwahl maßgeblich beeinflussen können. Die Unternehmen tun gut daran, sich dessen bei Pflege ihrer Marke, besser ihres Images, bewusst zu werden. Noch viel zu selten werden diese Überlegungen vor dem Hintergrund der demografischen Entwicklung in Mitteleuropa, hier besonders zu nennen Deutschland, Frankreich, Italien, Griechenland[27], und dem schon heute bestehenden Personalengpass bei qualifizierten Arbeitnehmern angestellt. Freilich, eine chancengleiche Personalpolitik lediglich verbal zu betreiben, führt nicht zum Erfolg. Die

---

gelebten Engagement.

[26] Friedrich Schiller hat dieses Phänomen in „Die Braut von Messina" (1803) beschrieben mit: „Jeder Wechsel schreckt den Glücklichen".

[27] Die Geburtenraten liegen gemäß Statistischem Bundesamt bei: Belgien 1,55; Dänemark 1,72; Deutschland 1,3; Estland 1,29; Frankreich 1,71; Finnland 1,73; Griechenland 1,28; Großbritannien 1,72; Italien 1,2; Lettland 1,25; Littauen 1,43; Niederlande 1,5; Polen 1,53; Portugal 1,37; Rumänien 1,17; Weißrussland 1,17. In den USA liegt sie bei 1,99; in Japan bei 1,43 (Zahlen von Juni 2001)

Aufforderung "tue Gutes und rede darüber", hat in diesem Zusammenhang eine kaum zu überschätzende Bedeutung. Mit ihrer bloßen Erwähnung in Personalsuchanzeigen ist es indessen nicht getan.

Die positive Beeinflussung der öffentlichen Meinung über ein Unternehmen bedarf strategischer Ausrichtung und muss breit angelegt sein. Insbesondere ist abzuraten von kurzfristigen spektakulären Aktionen, weil auf Grund ihrer zeitlichen Begrenzung die Marktdurchdringung in keinem Verhältnis zu den oft immensen Kosten steht. So ist gesicherte Erkenntnis, dass lediglich die permanente Präsenz eines Unternehmens am Arbeitsmarkt und damit in den Köpfen potentieller Bewerber und Bewerberinnen die Rekrutierung des erforderlichen Personals ermöglicht. Ein Verschwinden von der Liste einstellungsbereiter Arbeitgeber ist nur durch langfristige Maßnahmen mit zeitlich versetztem Erfolg wieder auszugleichen.

Das gleiche gilt für ein einmal verdorbenes Image. Negative Wertungen haben ein zähes Leben. Sie setzen sich fest und sind nur mühsam durch positives Handeln zu beseitigen. Wird zum Beispiel einem Unternehmen nachgesagt, dass Frauen für die gleiche Arbeit schlechter bezahlt würden als Männer oder dass Karriereverläufe sich ohne nachvollziehbaren Grund unterschieden, so sind die Auswirkungen auf weibliche Interessenten zwangsläufig und mit Imageanzeigen in Magazinen oder Zeitungen nicht aufzufangen. Oftmals reagieren auch die so „bevorzugten" Männer negativ auf diese Ungleichbehandlung, ist sie doch Indikator für zumindest teilweise unfaire Praktiken, die dann auch in anderen Kontexten unterstellt werden.

2.6.3 Integration

Zunächst sei der „äußere Rahmen" dargestellt: Fast ist es zu selbstverständlich, als dass man es noch ausdrücklich erwähnen möchte: attraktiv, also anziehend (damit auch fesselnd, festhaltend) ist eine Arbeit nur, wenn sie auch interessant ist. Dass sie so sein wird, verspricht man gern und auch von innerer Überzeugung getragen im Bewerbungsgespräch. Es gibt Gespräche, in denen sich die das einstellende Unternehmen vertretende Person über die zu besetzende Stelle dermaßen in einen Rausch redet, dass der Bewerber oder die Bewerberin kaum dazu kommt, die eigenen Fähigkeiten situationsgerecht zu präsentieren. Häufig genügt schon intelligentes Nicken als Eingehen auf den Vortrag, um die gewünschte Stelle zu bekommen. Dieses Phänomen zu beschreiben und nach seinen Ursachen zu fragen, ist jedoch ein anderes Thema und gehört nicht in diesen Kontext. Festzuhalten bleibt lediglich, dass die Enttäuschung nach anfänglicher Euphorie um so größer ist, je stärker sich die graue Alltagswirklichkeit von den leuchtenden Farben des Bewerbergesprächs unterscheidet. Die Ursachen sind vielfältig. Sie können darin liegen, dass der Gesprächspartner zwar „hierarchisch vorzeigbar" ist und damit auch Wertschätzung signalisiert, er in Wirklichkeit aber keine Detailkenntnisse über die Anforderungen der vakanten Stelle hat. Auch ist denkbar, dass man, um ihn zu bekommen, mehr auf die Wünsche und Vorstellungen des oder der Bewerbenden eingeht, als dies die Position hergibt. Allgemeine Erkenntnis ist ja die Tatsache, dass in der Werbephase (welcher auch immer) der „ Zweck die Mittel heiligt " und die Verpackung etwas suggeriert, was der Inhalt wirklich nicht hergibt. Sünden dieser Art werden immer bitter gesühnt. Gehen sie dann auch noch mit einer gewissen Nonchalance einher, mit der man dem neuen Stelleninhaber begegnet, d.h. ist er erst einmal da, kümmert sich niemand um ihn, ist das Scheitern der Beziehung zwangsläufig und unausweichlich.

Um letzteres zu verhindern, sind viele Unternehmen inzwischen dazu übergegangen, „Neuen" zum Beispiel einen Mentor zur Seite zu stellen, der die ersten Schritte begleitet, wichtige Erkenntnisse über das Unternehmen vermittelt, die entscheidenden Türen öffnet und die richtigen Weichen stellt. Das ist keine Veranstaltung für wenige Tage, vielmehr bedarf es eines dauerhaften Prozesses von großer Sensibilität, um eine nachhaltige Integration in das Unternehmen zu erreichen.

Aus dem Vorstehenden wird deutlich, dass absolute Offenheit und Wahrheitsliebe bei der Schilderung dessen, was den Mitarbeiter oder die Mitarbeiterin erwartet, oberste Priorität haben müssen, vor einer verschönernden Verpackung. Dennoch: Offenheit allein macht noch keinen Arbeitsplatz begehrenswert,   Ehrlichkeit aus keinem Routinejob eine karrierefördernde „herrschaftliche Startrampe". Doch nach welchen Kriterien bemisst sich die Qualität eines Arbeitsplatzes, womit wird das Interesse geweckt? Die einfachste Beschreibung lautet: Es darf zu keiner Über- aber auch zu keiner Unterforderung kommen, wobei letztere eher noch problematischer ist. Des weiteren ist die Klarheit der Aufgabenstellung (die Definition des „Pflichtenstatus") von Bedeutung, mit der dann die eingeräumten Kompetenzen korrespondieren müssen. Parallel zu den Kompetenzen sind die Arbeitsmittel bzw. der gesamte „Support" angesiedelt, derer sich die Mitarbeiterin oder der Mitarbeiter bedienen kann.

Gleichwertig neben diese, direkt auf den Arbeitsplatz bezogenen Kriterien treten die Arbeitsbedingungen, die unmittelbar Auswirkung auf die Person und ihre wirtschaftliche Existenz haben. An erster Stelle steht hier sicherlich die angemessene Vergütung. Hier hat es in letzter Zeit interessante Bewegungen gegeben. Die wachsende Komplexität der Arbeit insgesamt, die steigenden Anforderungen an IT-Verständnis, an Sprachkenntnisse und die generelle Notwendigkeit, sich durch Lernen ständig neue Wissensfelder zu erschließen, haben zu zweierlei bemerkenswerten Verhaltensänderungen auf beiden Seiten des Tisches geführt. Das vor diesem Hintergrund gewachsene Selbstvertrauen der Bewerbenden hat an die Stelle der schamhaft vorgetragenen Frage nach dem möglichen Verdienst feste Vorstellungen, basierend auch auf der Erkenntnis von der zu knappen Ressource hoher Qualifikation, bezüglich des mit Erfolg einzufordernden Salärs treten lassen. Die Unternehmen begegnen dem zum Teil mit Phantasie, zum Teil mit ratlosem Erstaunen. Dies wird um so größer, je stärker der Bewerber seinen Wunsch nach einem Leistungsbezug eines beträchtlichen Vergütungsanteils pointiert. Vertragliche Hemmnisse korrespondieren häufig mit der abwehrenden Haltung der Betriebsräte, deren uneingeschränkte Mitbestimmung zu diesen Fragen sich aus § 87 BetrVG ergibt.

2.6.4 Retention: Bindung versus hohe Fluktuation

Über die Wandlung des Arbeitsmarktes hin zu einem Bewerbermarkt wurde bereits geschrieben. Es vergeht kaum eine Woche, in der nicht zu diesem Thema in den einschlägigen Wirtschaftsmagazinen neue Erkenntnisse und Methoden, dieser Situation zu begegnen, aber auch neue aufrüttelnde Tatsachen über die begrenzten Ressourcen mitgeteilt werden. In der Tat sind Globalisierung, schneller Verfall des Gelernten, neue Herausforderungen und die sich ständig weiter entwickelnde Informationstechnologie gnadenlose Taktgeber für das Lerntempo und die sich steigernden Anforderungen an die intellektuelle Leistungsfähigkeit der Mitarbeiter und Mitarbeiterinnen.

Daher soll nunmehr dem weiten und differenzierten Feld „Retention" Aufmerksamkeit gewidmet werden, mit anderen Worten der Frage, wie es gelingen kann, einen Leistungsträger, der in das Unternehmen gekommen ist, zu bewegen, hier möglichst lange seine Arbeitskraft einzubringen. Darüber hinaus muss sich jedes Unternehmen die Frage stellen, worin sein Wertschätzungsmanagement für Mitarbeiter und Mitarbeiterinnen besteht, die bereits lange in ihm arbeiten. Diesen Überlegungen ist jedoch eine Auseinandersetzung mit der Frage, ob es nicht auch wünschenswert sein kann, durch möglichst kontinuierlichen Wechsel seine Mitarbeiterschaft immer auf dem „neuesten Stand" zu haben, voranzustellen. Es ist ja keineswegs unsinnig, das Unternehmen mit einem Organismus zu vergleichen, der durch die ständige Verjüngung, d.h. das Abstoßen alter und das Generieren neuer Zellen, lebt.

In der jüngeren Vergangenheit war viel von den hochbegabten und motivierten „Legionären" die Rede, zu deren Zielen es eben nicht gehört, möglichst lange einen bestimmten Arbeitsplatz inne zu haben, die es vielmehr drängt, nach zwei bis vier Jahren neue herausfordernde Aufgaben zu übernehmen. Was zeichnet diese Spezies aus, wo liegen ihre Vorteile? Schließlich, für welche Arten von Aufgaben eignen sie sich besonders?

Die traditionelle personalpolitische Vorstellung von einem „idealen" Mitarbeiter oder einer Mitarbeiterin in der Industrie war bis ins ausgehende 20. Jahrhundert geprägt von Loyalität, Treue zum Unternehmen und Traditionsbewusstsein. Dem gegenüber stand eine ausgeprägt fürsorgliche Haltung des Unternehmens. Noch heute als Wohnungen sehr beliebte Werkssiedlungen im Ruhrgebiet und anderen Orten geben Zeugnis davon. Bei Krupp oder Stinnes zu arbeiten, wurde als Selbstverständnis von Generation zu Generation vererbt. Und : „Ein Kruppianer streikt nicht!"[28]

---

[28] Natürlich stellt sich hier die Frage, welches Ausmaß an Zufall den Entscheidungen für das eine oder andere Unternehmen zugrunde liegt. Eine „Corporate Identity" wird ja doch erst im Verlaufe des Arbeitens für einen Arbeitgeber erfahren – oder auch nicht. Und diese Unternehmenskultur erlebt der einzelne immer als Erscheinungsform innerhalb seines eigenen – engen – Wahrnehmungsbereiches. Von dort werden dann allerdings Rückschlüsse auf die Haltung des gesamten Unternehmens gezogen, eine Tatsache, dessen sich der/die einzelne Vorgesetzte jederzeit bewusst sein müsste.

Diese Sicht der Dinge will sich so gar nicht mit unserem Verständnis über das Austauschverhältnis zwischen Kapital und Arbeit decken. Nüchtern fragen wir nach der vereinbarten Leistung, fordern sie ab und gewähren die geschuldete Gegenleistung. Das Arbeitsverhältnis besteht zwischen gleichwertigen Partnern. Dort, wo wirtschaftliches Übergewicht diese Gleichwertigkeit stören könnte, hat der Gesetzgeber schützende Regeln aufgestellt oder Verfahren vorgegeben, die einen vernünftigen Ausgleich garantieren sollen. Hierzu zählt insbesondere das komplette Arbeitnehmerschutzrecht, wie Arbeitszeitgesetz, Kündigungsschutzgesetz, Mutterschutzgesetz, Jugendarbeitsschutzgesetz, um nur einige Kodifizierungen zu nennen, aber auch das Tarifvertragsgesetz, Betriebsverfassungsgesetz und das Arbeitsschutzgesetz.

Diese Versachlichung auf der Basis ausgeprägter und vielfältiger rechtlicher Vorgaben führt zu einer Entemotionalisierung der Arbeitswelt. Häuschen mit kleinem Garten und Hühnerhof passen zum heutigen Arbeitsleben genauso wenig, wie das Halten von Brieftauben durch einen dynamischen Jungmanager oder Deckchen Häkeln durch Jungmanagerinnen. Arbeitspflichten und emotionale Bindung sind entkoppelt. So versteht sich auch diese Ausprägung jüngerer Leistungsträger. Das Bild vom Söldner oder Legionär ist so falsch nicht. Man geht dorthin, wo augenblicklich der Anreiz am größten ist. Er kann finanzieller Natur sein oder in der Faszination der zu lösenden Aufgabe liegen. Das Verhältnis zum Arbeitgeber ist neutral und unverspannt, das Engagement gleichwohl sehr hoch und professionell. Für die Unternehmer bedeutet die Einstellung solcher Mitarbeitenden einen positiven Impuls für Innovation. „Der Neue" braucht keinerlei Rücksichten zu nehmen, die aus gewachsenen Bindungen resultieren. Sein Ansatz ist originell, seine Sicht der Dinge unbeeinflusst und auch schwer beeinflussbar. Die Erfahrungen, die er einbringt, stammen aus anderen Unternehmen, können infolgedessen neue und unübliche Lösungen für die aktuelle Aufgabe sein. Da er sich darüber hinaus nicht mit dem Gedanken abgibt, längere Zeit in dem Unternehmen zu verbringen, entfällt jeglicher „karriereebnender" Zeitaufwand. Karrieresprünge finden beim Wechsel zwischen den einzelnen Unternehmen statt, ergeben sich somit fast automatisch.

Das ideale Arbeitsfeld für diese Mitarbeitergruppe ist das Projekt. Es ist zeitlich befristet, Hierarchien spielen keine Rolle, die Orientierung am Projektergebnis bestimmt das Denken und Handeln. Hinzu kommt, dass das Unternehmen bei der Bezahlung des Anzuwerbenden freiere Hand hat, als bei der konservativen Einordnung in bestehende Organisationsstrukturen und bei auf Dauer angelegten Arbeitsverhältnissen. Neben der Jahres-/Monatsvergütung kann ein nennenswerter Geldbetrag für die Erreichung des Projektzieles oder bereits von Zwischenzielen ausgehandelt werden. Im übrigen liegt hierin für diese Art erfolgsorientierter Mitarbeiter und Mitarbeiterinnen ein überaus wichtiger Anreiz. Unkonventionalität, Know-how aus anderen Unternehmen, keinerlei Besitzstandsambitionen sind Faktoren, die den Einsatz eines solchen Menschen in einem Projekt zum Erfolg werden lassen.

Bei soviel positiver Bewertung fällt es nicht leicht, ihn nicht als den idealen Mitarbeitertypus schlechthin zu beurteilen. Gibt es überhaupt Einschränkungen, die es nahe legen, auch Menschen anderen Zuschnitts für die Mitarbeit in einem Unternehmen zu gewinnen und sie dann dort festzuhalten ? Die Antwort folgt aus der Überlegung, ob es sich bei diesen „Legionären" wirklich um „einen Mann (eine Frau) für jede Jahreszeit" handelt. Wie verhält sich jemand, der sich der kurzfristigen Zielerreichung, der schnellen Gewinnmaximierung verschrieben hat, in Krisenfällen? Wo finden wir ihn, wenn es gilt, ein Unternehmen zu sanieren, unter anderem dadurch, dass man den eigenen (!) Gürtel enger schnallt? Er wird sich - mangels interessanter persönlicher Perspektiven – davon gemacht haben. Die in solchen Momenten überlebenswichtige Motivierung der Mitarbeiter und Mitarbeiterinnen durch eigenes Beispiel, durch mitreißendes Zupacken entfällt bzw. muss von anderen wahrgenommen werden[29]. Es ist Erfahrungstatsache, dass Krisenbewältigung zwar immer das Abschneiden alter Zöpfe, die Aufgabe liebgewonnener Gewohnheiten und die Trennung von Mitarbeitenden bedeutet. Dem gegenüber fallen jedoch das Engagement für das (eigene!) Unternehmen, die in vielen bedrohlichen Situationen gewonnene Gelassenheit und Übersicht sowie die empfundene Führungsverantwortung in die Waagschale - und Beiträge hierzu leisten eben in aller Regel nur Menschen, die eine starke emotionale Bindung zu einer Organisation empfinden. Dabei ist nicht nur die Ansammlung materieller Werte (Grundbesitz, Produktionsmittel, Kundenstamm) gemeint, sondern die Einbettung in die menschliche Solidarität, die in dem sozialen Verbund zwischen den Menschen entsteht, die sich zur gemeinsamen Erreichung bestimmter Ziele zusammengefunden haben.

Kurz gesagt, die Identifikation mit dem Unternehmen setzt gerade in Krisen ungeahnte Kräfte frei. Deren Bewältigung wiederum gibt Selbstvertrauen und die Sicherheit, dass die Zukunft auch unter schwierigen Bedingungen gemeistert werden kann. Man muss die Krise nicht sozusagen zum personalpolitischen Bindemittel hochstilisieren, man muss sie auch wirklich nicht herbeiwünschen, um die Mitarbeiter und Mitarbeiterinnen an das Unternehmen zu binden. Hier soll lediglich aufgezeigt werden, dass sich ein Mensch, der sich einer Sache verschrieben hat, auch dann einbringt, wenn die See etwas rauer wird und das persönliche Komfortgefühl für eine gewisse Zeit (sie kann auch sehr lang sein) notleidend wird. Festzuhalten bleibt, dass es bei der Wahl des Mitarbeiter-Typus kein „entweder – oder", sondern nur ein „sowohl als auch" geben kann. Unter anderem deshalb entdecken mehr und mehr Unternehmen „Diversity", um die Vielfalt ihrer Mitarbeitenden zu einem produktiven Zusammenspiel zu organisieren. Hier sind Innovation und Beharrung, Unkonventionalität und Routine, Ungestüm und Bedachtsamkeit, Ideenreichtum und Erfahrung gleichermaßen gefragt; und zwar meist auch noch gleichzeitig. Und was für die Krise gilt, ist auch in ruhigeren Zeiten nicht falsch. Auch hier entsteht ein Ergebnis nur durch das effiziente Zusammenspiel unterschiedlicher Kräfte (in Kapitel 5 werden hierzu noch unter dem Stichwort

---

[29] Damit werden diese „Söldner" eher zu Schönwettermitarbeitenden, die dann allerdings durchaus ihre Daseinsberechtigung haben.

„Diversity" weitere Ausführungen gemacht). Ihre gegenseitige Beeinflussung garantiert die Vermeidung monokausaler Lösungsansätze, die langfristig keinen Erfolg haben können.

Fazit aus dem bisher Beschriebenen: Ein modern geführtes, erfolgreiches Unternehmen benötigt zwar Menschen, die sich kurzfristig engagieren und ein hohes Interesse an schneller Zielerreichung (auch persönlicher) haben, es kann aber auch auf solche Mitarbeiter und Mitarbeiterinnen, die sich fest an die Organisation binden und ein Höchstmaß an Identifikation mit ihr aufbringen, nicht verzichten, will es sich „krisenfest" machen. Daraus folgt nun wiederum: Das Unternehmen muss Instrumente entwickeln, die geeignet sind, qualifizierte Mitarbeitende im Unternehmen zu halten (Retention). Welche das sein können und wie sie von der Unternehmensspitze sinnvoll entwickelt und eingesetzt werden, das soll im Folgenden untersucht werden.

2.6.5. Maßnahmen zur Bindung

Das Eingehen auf die Wünsche und Bedürfnisse der Mitarbeiter und Mitarbeiterinnen ist gewiss ein gutes Mittel, um sie an das Unternehmen zu binden. Allerdings stehen dem oft betriebliche Zwänge im Wege. Bei Großunternehmen stellt sich oft die Frage, inwieweit eine individuell getroffene Vereinbarung Präzedenzcharakter besitzt. So werden oft nur solche Lösungen angeboten, die fakultativ auf alle angewandt werden können. Dies gilt in hohem Maße für solche Organisationen, die durch eine starke Mitbestimmung geprägt sind. Leider ist dies keine Personalpolitik, die der zunehmenden Individualisierung Rechnung trägt. Dort dürfte die Frage nach Präzedenzen[30] keinerlei Rolle spielen. Jedes einzelne Problem, das gelöst werden konnte, ist ein existierendes weniger.

Zu den Maßnahmen, die Bindungswirkung entfalten, gehört das gesamte Arbeitszeitmanagement: Arbeitszeitreduzierung, -flexibilisierung, alternative Telearbeit, Sabbaticals, Zeitkonten (je länger der Betrachtungszeitraum und je größer die Anzahl der Stundenguthaben, umso größer ist der Gestaltungsspielraum für beide Parteien). Eine Personalpolitik, die Rücksicht auf die verschiedenen Lebensphasen der Mitarbeiterinnen und Mitarbeiter – insbesondere Familienphasen – nimmt, übt eine starke Bindungswirkung aus und senkt damit die Fluktuation.

Zu erwähnen ist weiterhin ein Wertschätzungsmanagement, das der Individualität eines jeden Mitarbeitenden gerecht wird, ebenso wie eine auf Vorbeugung gerichtete Gesundheitspolitik[31]. Dennoch wird jedes Unternehmen klug beraten sein, sich auch die Option auf Trennung von Teilen seines Personals zu erhalten. Kommt es dazu, gilt es,

---

[30] Im Übrigen ist inzwischen höchstrichterlich entschieden, dass ein entgangener Vorteil keinen Nachteil bedeutet.

[31] Diese umfasst die Balance von Arbeits- und Privatleben, denn die Interdependenz der Qualität beider Lebensbereiche gilt inzwischen als nachgewiesen. Angesichts der demographischen Situation müssen die Menschen immer länger arbeiten. Das heißt aber auch, dass wir bereits heute sorgsam mit den Humanressourcen umgehen müssen, damit es keinen „burn-out" und damit vorzeitiges Ausscheiden gibt.

bei den „Bleibenden" den Eindruck zu vermeiden, es hätte auch sie treffen können. Anderenfalls würde sich die Bleibensneigung dramatisch verringern – zumindest bei denjenigen, die Alternativen besitzen, also genau denjenigen, an denen die Unternehmen ein großes Interesse besitzen.

2.6.5.1. Betriebliche Bildungspolitik

An anderer Stelle in diesem Buch ist die Rede von den ständig wachsenden Anforderungen an die Qualifikation und Leistungsfähigkeit von Mitarbeitenden. Ein Unternehmen kann nicht einerseits von seiner Belegschaft flexibles Reagieren und eigenverantwortlichen Umgang mit der persönlichen Qualifikation verlangen, ohne andererseits Angebote zu Fort– und Weiterbildung zu unterbreiten. So wird sich ein Mensch, der den Eintritt in ein Unternehmen überlegt, auch daran orientieren, welche Aufmerksamkeit die Unternehmensleitung dem Thema Bildung insgesamt widmet.

Ist die Entscheidung in Ansehung eines vernünftigen und attraktiven Bildungskonzeptes einmal gefallen, kommt es wesentlich darauf an, ob die entsprechende Ausrichtung des Unternehmens als ein Kontinuum empfunden wird oder ob es sich lediglich um ein schnell erlöschendes Strohfeuer handelt. Mitarbeiter und Mitarbeiterinnen werden dann einem Unternehmen die Treue halten, wenn sie das Gefühl haben dürfen, mit den Anforderungen an ihre persönliche Fort- und Weiterbildung nicht allein gelassen zu werden, sondern seitens des Unternehmens die erforderliche Unterstützung in Form von Weiterbildungsmaßnahmen angeboten zu bekommen.

Wichtig erscheint der Hinweis, dass Personalentwicklung nicht notwendigerweise identisch mit vertikalem Aufstieg ist. Gerade Unternehmen mit heute wesentlich schlankeren Führungsstrukturen haben zahlenmäßig weniger „Stellen". Personalentwicklung geschieht also auch horizontal. Die oder der Mitarbeitende gewinnt „Breite". Diese kann durch Job Rotation, Job Enlargement oder Job Enrichment erfolgen. Bei der Rotation bleibt das Level identisch, der Wissenszuwachs erfolgt in der horizontalen Ebene. Beim Enlargement handelt es sich um eine Erweiterung um Tätigkeiten ähnlichen Niveaus. Beim Enrichment um die Erweiterung von Kompetenzen auf der Metaebene, also Planung, Steuerung und Kontrolle. Das individuelle Wachstum vollzieht sich im Hinblick auf Beziehungen, Kompetenzen und Einsatzmöglichkeiten.

Es ist heute unbestritten, dass gezielte individuelle Weiterbildungsmaßnahmen, gleich, ob sie innerhalb oder außerhalb des Unternehmens stattfinden, zu den wichtigsten Parametern der Personalentwicklung und damit der Karriereförderung zählen, die eine nicht zu unterschätzende Bindungswirkung zum Unternehmen darstellen[32].

---

[32] Im Juni 2001 nennt der Lufthansa-Personalvorstand für die Durchführung eines Personalentwicklungsprogrammes („Explorers 21" the Alliance-Generation") die Gründe „ Aufzeigen der Aufgabenvielfalt eines Aviation Konzerns in einem durch Allianzen geprägten Wettbewerbsumfeld" und „Bindung der internen Teilnehmer an den Lufthansa Konzern".

Unternehmen sind gut beraten, sich über Jahre hinweg über ihre Aktivitäten in diesem Felde anhand von Kennzahlen ein objektives Bild zu machen. Auch in der Betriebsöffentlichkeit – insbesondere gegenüber dem in diesem Felde mit umfassenden Mitbestimmungsrechten ausgestatteten Betriebsrat – ist von entscheidender Bedeutung, wie das Unternehmen überzeugende Nachweise über Umfang und aufgewandte Mittel führen kann. Auch kann so dem häufig erhobenen Vorwurf, die eine oder andere Gruppe erfreue sich besonderer Aufmerksamkeit und Zuwendung, begegnet werden. Mit anderen Worten: Ein vernünftiges und nachvollziehbares Bildungscontrolling ist ein unverzichtbares Instrument, um die ergriffenen Maßnahmen in der Betriebsöffentlichkeit transparent und akzeptierbar darstellen zu können.

2.6.5.2. Kulturprägende Maßnahmen

Die Mittel und Möglichkeiten, Mitarbeitende in einem Unternehmen zu halten, ähneln grundsätzlich denen, die eingesetzt werden, um das Unternehmen für eine Einstellung attraktiv zu machen. Diese wurden bereits dargestellt; ebenfalls einige, die Bindungswirkung entfalten. Ein wichtiges Feld ist noch zu behandeln. Es lässt sich im weitesten Sinn mit „Unternehmenskultur" umschreiben.

Besonders kulturprägend ist die Art der Kommunikation innerhalb eines Unternehmens. Offen zu kommunizieren behauptet wahrscheinlich jedes Unternehmen von sich. Die Einschätzung des Grades der Offenheit durch Unternehmensleitung und Belegschaft fällt jedoch häufig auseinander. Oft befindet sich eine Geschäftsleitung bei diesem Thema auch in einem kaum auflösbaren Dilemma. Das soll an einem Beispiel beleuchtet werden: Ein verantwortungsvolles Unternehmen wird seine Mitarbeitenden rechtzeitig auf erforderliche Sparmaßnahmen, die in absehbarer Zukunft ergriffen werden müssen, hinweisen. Es wird gegenüber denselben Mitarbeitenden um Verständnis dafür werben müssen, dass in einer Bilanzpressekonferenz solche „Vorwarnungen" fehl am Platze sein können. Die von der Belegschaft möglicherweise als Diskrepanz empfundenen Darstellungen sind häufig nicht zu vermeiden und sind kein Beweis für ein schlechtes Kommunikationsverhalten.

Kommunikation ist aber auch ein Stilfrage. Jedes Unternehmen hat seine eigene Sprachkultur, eigene „Schlüsselbegriffe", hinter denen sich für Insider bestimmte Sachverhalte verbergen, und die bei ihrer Anwendung bereits ein gewisses Gemeinsamkeitsgefühl erzeugen. Nichts vereinigt mehr als eine gemeinsame Sprache. Einem Volk den Lebensraum zu beschneiden ist schlimm, ihm die eigene Sprache zu nehmen, raubt ihm die Identität. Doch nicht nur das gesprochene oder geschriebene Wort ist von zentraler Bedeutung bei der Betrachtung von Kommunikation, sondern auch die Art und Weise, wann, wo und wie es gebraucht wird, prägt die Einschätzung einer Unternehmenskultur als positiv oder negativ. Stellvertretend sei hier der häufig von Vorgesetzten zu hörende Ausspruch „Meine Tür steht immer offen" genannt. Ist es ehrlich gemeint, wird damit eine positiv zu wertende, sehr weit gehende Gesprächs- bereitschaft umschrieben. In diesem Fall steht die offene Tür als Synonym für offene unkomplizierte Kommunikation. Handelt es sich hingegen lediglich um eine nicht ernst gemeinte Floskel, sind negative Auswirkungen auf die Unternehmenskultur die Folge.

Es gibt Unternehmen, bzw. Vorgesetzte, die unter Kommunikation die einseitige Herausgabe von Informationen oder Anordnungen, schlichter „Tagesbefehle" [33] verstehen. Diese Vorgehensweise versäumt es, die Meinung des Mitarbeiters oder der Mitarbeiterin einzuholen, um sie berücksichtigen zu können, sie versäumt, den Mitarbeitenden Wertschätzung entgegenzubringen – eine vertane Chance, sie an das Unternehmen zu binden.

Eng mit der Kommunikation verwandt ist die Fairness im Umgang miteinander. Die Sensibilität der Betroffenen in Bezug auf faire Behandlung ist groß, die Auffassungen, was fair ist und was nicht, gehen leider zwischen den Individuen auseinander. Es erscheint sinnvoll, dass Unternehmen entweder durch kommuniziertes Vorleben oder durch Kodifizierung von Grundsätzen zum Ausdruck bringen, was sie unter Fairness verstanden wissen wollen. Unfaire Behandlung hinterlässt nicht nur kurzfristig Spuren, sie kann mitunter dazu führen, dass Unternehmensangehörige einen auf Dauer angelegten und totalen Haltungswandel vollziehen.

Häufig verkannt wird die Bedeutung innerbetrieblicher Riten. Dazu gehören zum Beispiel das Verhalten von Vorgesetzten bei Krankheit von Mitarbeitern und Mitarbeiterinnen, der Umgang mit beruflicher Förderung, die Übermittlung von Gehaltserhöhungen, das Feiern (oder Nichtfeiern) von Jubiläen oder bei Beginn des Ruhestands, die Reaktion auf die Geburt von Nachwuchs innerhalb der Belegschaft u.a.m.

Vorstände und obere Führungskräfte können oft nur schwer ermessen, welche Bedeutung das Halten einer persönlichen Rede und das Überreichen eines Geschenkes mit Firmenbezug anlässlich eines Jubiläums für die Mitarbeitenden haben kann. Hier wird viel gesündigt. Mit kleinen Mitteln könnte oft Positives erreicht und entsprechend Personal gebunden werden.

Als nicht weniger bedeutsam wird innerhalb einer Belegschaft der Umgang mit Minderheiten bewertet. Hierbei kann es sich um ethnische Minderheiten genauso handeln wie um Gruppierungen von Leistungsgeminderten oder Älteren. Fairness und Toleranz sowie Dialogbereitschaft sind kleine Investitionen, die sich immer auszahlen.

2.6.6. Retention vorhandener Mitarbeiterinnen und Mitarbeiter

Bisher wurde der Fokus mehr auf die neuen Mitarbeiterinnen und Mitarbeiter gelegt. Das vorstehend Gesagte gilt aber auch für diejenigen, die schon lange im Unternehmen sind. Diese geraten leicht aus der Betrachtung, da in vielen Unternehmen gerade diese Gruppe oft als veränderungsfeindlich wahrgenommen wird, was für viele nicht zutrifft. Im Gegenteil: Die meisten von ihnen repräsentieren einen enormen Wissensstand, der von großem Wert für das Unternehmen ist, den man ihm auf jeden Fall erhalten sollte.

---

[33] Vgl. Renate Hauser, Dialog-Management

Es gilt auch hier, dass Vielfalt eher bereichernd denn einschränkend für das unternehmerische Agieren ist.

Mitarbeiter und Mitarbeiterinnen, die mehr als zwanzig Jahre im Unternehmen sind, verdienen besonderes Augenmerk. Dies gilt nicht nur wegen der oft schlummernden, meist nicht abgeforderten Talente, sondern durchaus auch wegen ihres Obstruktionspotenzials. Diese Menschen sind häufig zu einer Zeit ins Unternehmen gekommen, als die „Spielregeln" noch starr und unflexibel waren. Sie haben sich angepasst und sind im Verlauf der Jahre vergessen worden. Retention heißt bei dieser Zielgruppe, sie wieder als Objekte der Aufmerksamkeit zu entdecken und sie aus der eventuellen inneren Kündigung ins Unternehmen zurückzuholen.

2.6.7. Rerecruitment

Gelingt es einem Unternehmen nicht, eine gute Mitarbeiterin, einen guten Mitarbeiter zu binden, sollte der Ärger darüber in Grenzen gehalten werden. Oftmals steht das Ausscheiden für mangelnde Perspektiven im Unternehmen, was sich auf die Performance der Vorgesetzten beziehen kann, aber auch auf die Entwicklungsgeschwindigkeit. Ein Mensch, der andere Unternehmen – selbst die Konkurrenz – kennen lernt und das Unternehmen nicht im Groll verlässt, ist Potenzial für eine Wiedergewinnung. Das in anderen Organisationen erworbene Wissen kommt dann dem eigenen garantiert zugute. Wichtig ist, über einen eventuellen Wiedereintritt in das Unternehmen bereits bei der Trennung zu sprechen und die Verbindung nie abreißen zu lassen.

2.7. Fazit

Für den Erfolg einer an Chancengleichheit ausgerichteten Personalpolitik, mit der sich dieses Buch schwerpunktmäßig befasst, ist nicht entscheidend, welches ihre Auslöser oder Motive sind. Es können einzelne Umstände, aber auch „Begründungsbündel" sein. Was zählt, ist allein die Tatsache, dass die Leitung eines Unternehmens diesen Weg als zum –auch wirtschaftlichen – Erfolg führend erkannt hat. Dabei kommt es entscheidend auch darauf an, wie nachhaltig und glaubwürdig sie sich hierbei verhält. Anders gesagt, nur die Unternehmen haben Erfolg, die das Thema ernst nehmen, es mit Nachdruck verfolgen, und das, was sie kommunizieren, auch vorleben. Dazu gehört z.B. auch die Abmahnung gegensätzlichen Verhaltens einzelner Mitarbeiterinnen und Mitarbeiter.

3. Welches sind die Treiber für den Wandel?

Bevor die möglichen Treiber im Einzelnen beschrieben werden sollen, seien kurz einige Ursachen für strukturelle Barrieren zwischen den Geschlechtern ausgeführt. Es stellt sich bei der unterschiedlichen Behandlung von Frauen und Männern (durch wen auch immer) zunächst die Frage, ob es sich dabei um genetisch bedingtes Verhalten handelt.

In einer sehr frühen Phase der menschlichen Evolution war die Jagd ein kollektiver – männlicher- Vorgang, um die Versorgung sicherzustellen. Frauen dagegen oblag die Hege und die Pflege des Nachwuchses, aber auch die Kontrolle über das heimische Feuer. Das Verhaltensmuster „Fürsorge" der Frauen stand also dem der „Versorgung" durch die Männer gegenüber.

Überträgt man diese Zweiteilung in unsere Zeit, so lässt sich die kollektiv geprägte Männergesellschaft (=Jagd) gleichsetzen mit der Arbeitswelt, in der dann Frauen zwangsläufig als Störenfriede wahrgenommen werden. Umgekehrt haben es Frauen nicht gelernt, mit dem daraus folgenden Verdrängungswettbewerb umzugehen, was bei vielen Frauen dazu führt, sich – insbesondere Führungsaufgaben – zu verweigern oder auch ganz zurückzuziehen.

Die wohl größte strukturelle Barriere liegt bei den Frauen selbst, die oft – trotz Studiums – die ausschließliche Familienarbeit der Erwerbsarbeit vorziehen. Außerdem, falls sie denn arbeiten, sind sie weniger karriereorientiert, da sie die Arbeit meist nach ihren Inhalten bewerten und nicht nach ihren Rahmenbedingungen wie Verdienst, Dienstwagen, Größe des Büros, Anzahl der Untergebenen und anderem. Zudem fragen sich Frauen vor Aufnahme einer neuen Aufgabe, ob sie dieser gewachsen sind und kommen dabei oft zu einem negativen Ergebnis. Geschieht dies zum Beispiel während eines Bewerbungs- oder Beförderungsgespräches, hinterlassen sie beim Einstellenden[34] oder Vorgesetzten einen negativen, weil zögerlichen Eindruck.

Eine weitere Barriere ist, dass die Umwelt noch nicht die Selbstverständlichkeit akzeptiert, dass Frauen auch das für sie Bestmögliche erreichen und das Höchstmögliche verdienen möchten, was bei Männern aus Versorgungsgesichtspunkten als Normalität angesehen wird. Argumente wie „Der braucht das für seinen Lebensstandard" gelten für Männer in gleichem Maße wie Qualifizierungsgesichtspunkte, während das Halten oder Verbessern des Lebensstandards bei Frauen eher als Luxus angesehen wird.

Als Entwicklungsbarriere zeigt sich oft, dass Frauen zwar durchaus bis zu einem gewissen Level entwickelt werden, der Prozess jedoch dann abreißt, wenn Frauen hierarchisch gleichgestellt oder gar Vorgesetzte werden. Für viele Männer erscheint dies in der Regel nicht tolerabel, sie betätigen sich als Bremser.

---

[34] Meist sind die Gesprächspartner ja Männer.

Leider wird es vom Arbeitgeber häufig als Schwäche eingestuft, wenn Mitarbeitende – gleich ob Mann oder Frau – dem Privat- oder Familienleben einen höheren Stellenwert zumessen als der Erwerbsarbeit. Der Mitarbeiter bzw. die Mitarbeiterin soll dem Unternehmen möglichst bedingungslos und zeitlich unbegrenzt zur Verfügung stehen. Dabei gelten die Männer traditionell als belastbarer als Frauen, obwohl es inzwischen auch für eine gegenteilige Bewertung eine Fülle von Anhaltspunkten gibt.

Bei der Beantwortung der Frage, wodurch der Wandel zu mehr Chancenfairness zwischen den Geschlechtern bewirkt werden kann, sind verschiedene Faktoren wie die Ausgangslage, die sich in diesem Kontext auch über die Unternehmenskultur manifestiert, die verschiedenen internen und externen Stakeholder und die Klarheit des formulierten Zieles von maßgeblicher Bedeutung. Eine Kultur, die veränderungsresistent ist, wird sich auch bei diesem Veränderungsinhalt in ihrer Substanz nicht ändern. Umgekehrt sind offene, flexible Kulturen ein guter Nährboden für eine chancengleiche Personalpolitik. Zumeist ist dieses Thema in diesen Unternehmen und Organisationen schon auf den Weg gebracht.

Eine saubere Analyse der Stakeholder – wer hat etwas von dieser Veränderung, wer wird ihr „Opfer" – bereitet frühzeitig auf Widerstände vor, beziehungsweise lässt Zeit, sich Strategien für den Umgang mit diesen Schwierigkeiten auszudenken. Natürlich gehört hierher auch immer wieder die Frage, ob das Ziel noch zeitgemäß ist und in die Kultur passt, sogenannte Feedback-Schleifen. Erscheint ein Weiterverfolgen des Vorhabens sinnvoll, dann eröffnen sich verschiedene Wege.

3.1.   „Frauenbewegung"

In einigen Unternehmen gehen die Aktivitäten in Richtung auf mehr Chancengleichheit auf die „Frauenbewegung" der siebziger Jahre zurück. Das heißt, dass der Wandel extrinsisch ausgelöst wurde. Es war ein Gebot der Zeit, Frauen die gleiche Wertigkeit einzuräumen wie Männern. Treiber waren hier überwiegend die gewerkschaftlich orientierten Mitbestimmungsorgane. Damit war das Thema ideologisch belegt. Das galt zu einem gewissen Grad auch bei Lufthansa, was eine Neuorientierung zu Mitte der neunziger Jahre nicht einfacher machte.

Die „Frauenbewegung" distanzierte sich von fast allem, was in der männlich geprägten Arbeitswelt vorhanden war und wollte ein „Reengineering" der Gesellschaft. Dem standen die Verursacher des Status quo im Weg, also wurden sie zum Erzfeind Nummer eins erklärt. In der Folge führte das zu einer Separierung der Geschlechter und zu drei Dekaden Beschäftigung mit der aus heutiger Sicht nicht sehr mehrwertträchtigen Frage nach der Überlegenheit eines Geschlechtes gegenüber dem anderen. Interessanterweise hat die Frauenrechtlerin Alice Schwarzer genau diesen separatistischen Weg für gescheitert erklärt[35]. Sonja Bischoff[36] weist in einer Studie nach, dass die Akzeptanz von Frauenförderprogrammen seit 1991 bei Frauen und Männern abgenommen hat.

Psychologisch erscheint dieser Weg aus heutiger Sicht auch nicht als geschickt: Will man jemanden zur Verhaltensänderung bewegen, geschieht dies meist nicht durch Anklage und dem daraus resultierenden schlechten Gewissen. Wirksamer ist die Suche nach einem gemeinsamen Ausgangspunkt und der Frage nach dem Nutzen für alle Beteiligten. Damit entsteht Erkenntnis. Erkenntnis ist aber der bestgeeignete Motivator für Veränderungen.

Als ungeschickt stellt sich der damalige Weg auch deshalb dar, weil diejenigen, die auf Einfluss, Prestige und materielle Güter verzichten sollten, in der Situation waren, dieses Begehren abzulehnen, da sie in der Lage waren, in diesem Felde die wesentlichen Entscheidungen zu treffen. Warum sollten sie – wo ihnen doch klar war, was da auf sie zukam – geneigt sein, ihre Pfründe zu teilen?

Logische Konsequenz für die Frauen: Ohnmachtsgefühle, Frustration und der Wunsch, sich anders aufzustellen. In dieser Zeit wurden die Grundsteine für eine „Gegenwelt" gelegt. Frauen schieden aus Unternehmen aus, in denen sie am „glass ceiling"[37] scheiterten. Nach Osterloh und Littmann-Wernli[38] genießen Frauen eine negative Produktivitätserwartung. Das heißt, sie müssen, um in eine Führungsposition zu gelangen, Signale produzieren, damit sie die Negativerwartung überkompensieren können. Sind sie dann Führungskräfte und halten das Leistungsniveau, sind sie nachweislich produktiver als Männer, was ein Aufhalten vor einer gläsernen Decke noch weniger rechtfertigt. Weitere Ursachen für eine unsichtbare Aufstiegsbarriere sind auf beiden Seiten zu finden: Frauen wollen oft in zu kurzer Zeit zuviel; ihre Ungeduld findet nicht den gewünschten Nährboden. Männer trauen Frauen oft nicht zu, Verantwortung für diffizile Führungsaufgaben zu übernehmen. Dabei darf nicht übersehen werden, dass es meist eine Männergeneration war, bei der die Rollenverteilungen „klassisch" war. Oftmals waren die Ehefrauen und Mütter kaum in der Lage, die Selbstorganisation der Familie besonders im Hinblick auf die Außenkontakte in allen Facetten zu übernehmen. Zum Beispiel fühlten sich viele Ehefrauen überfordert, die Bankgeschäfte der Familie zu führen. Wie soll eine Führungskraft mit einer solchen häuslichen Erfahrung plötzlich Vertrauen in weibliche Führungskunst gewinnen, bzw. ein solches Vertrauen ausstrahlen?

---

[35] In ihrem Buch „Der große Unterschied, Gegen die Spaltung von Menschen in Männer und Frauen"
[36] Männer und Frauen in Führungspositionen der Wirtschaft in Deutschland
[37] Die „gläserne Decke" beschreibt die hierarchische Obergrenze, die von Frauen meist nicht oder nur in sehr wenigen Einzelfällen durchbrochen wird.
[38] Margit Osterloh, Sabine Littmann-Wernli, Die „gläserene Decke": Realität und Widersprüche, in Peters/Bensel, Frauen und Männer im Management

In dem Buch „Die Zukunft der Frauen"[39] beschreiben die Autorinnen vier mögliche Szenarien für Frauen. Eine Variante besteht in einer weltweiten islamischen Revolution, in der Frauen massiv aus dem öffentlichen Leben verdrängt und verschleiert in großer Abhängigkeit von Männern leben werden. Eine weitere besteht in einer partnerschaftlichen Welt[40], in der Männer – aus Einsicht – Frauen die Hälfte von allem überlassen, sich dafür zu 50 Prozent an der Familienarbeit beteiligen. Ein weiteres Szenario ähnelt der „Echternacher Springprozession": drei Schritte vor, zwei zurück. Das heißt, es ginge mit sehr kleinen, evolutionären Schritten weiter. Das vierte Szenario beschreibt das Entstehen einer „Gegenwelt", in der Frauen sich aus der männlich geprägten Arbeits- und Geschäftswelt verabschieden und einen regen Handel miteinander treiben. Sicher hat ein solcher Markt eine kritische Größe, um existieren zu können. In Ansätzen existieren solche Gegenmodelle bereits[41]. Ob sie erstrebenswert sind, bleibt dahingestellt.

3.2. Mitbestimmungsorgane: bottom up

Ein weiterer Treiber für eine chancengleiche Personalpolitik können die Mitbestimmungsorgane sein. Diese sind dann meist angekoppelt an die historische „Frauenbewegung" und defizit- bzw. diskriminierungsorientiert, weniger gestaltungsorientiert. Das philosophische Grundmodell ist dabei von kollektiver Natur. Gleichbehandlung, möglichst auch von Ungleichem, hat höchste Priorität. In einer derart geprägten Kultur wird es kaum Raum für individuelle Lösungen geben.

Auch bei Lufthansa waren in erster Linie die Mitbestimmungsorgane die Initiatoren für eine an Chancengleichheit orientierte Personalpolitik. Mitte der neunziger Jahre machten sie sich für eine Betriebsvereinbarung „Chancengleichheit" stark, zu deren Inhalt die Schaffung der Funktion einer „Beauftragten für Chancengleichheit" gehörte. Die Auswahl der Beauftragten erfolgte durch die Geschäftsleitung, in enger Kooperation mit den Mitbestimmungsgremien.

Da die Betriebsräte für diese Funktion gekämpft hatten, glaubten sie, einen vorrangigen Zugriff auf die Beauftragte zu haben im Hinblick auf die Gestaltung ihrer Arbeitsinhalte. Die Abgrenzung zwischen den Vorstellungen der Mitbestimmungsorgane und einer – relativ – unabhängigen Wahrnehmung der Aufgaben ergab Streitstoff. Bei der Verhandlung zur Betriebsvereinbarung bot die Geschäftsleitung an, eine/n Betriebsrat/rätin für diese Aufgabe freizustellen, was seitens der Betriebsräte abgelehnt wurde. Sie wünschten eine Anbindung bei der Geschäftsleitung, damit die Durchsetzungskraft erhöht werden konnte, was sicherlich richtig war. Gleichzeitig duldeten sie jedoch die Unabhängigkeit nicht uneingeschränkt.

---

[39] Pamela McCorduck, Nancy Ramsey, „Die Zukunft der Frauen, Szenarien für das 21. Jahrhundert"
[40] Diese Vision wird auch von Jutta Limbach in „Geschlechtergerechtigkeit im 21. Jahrhundert", aus Peters/Bensel (Hrsg.), Frauen und Männer im Management, geteilt
[41] Zum Beispiel die „Weiberwirtschaft" in Berlin, einem Gebäudekomplex aus frauengeführten Unternehmen

Der bottom up-Prozess kann bei Unternehmen und Organisationen, die ein hohes Maß an Mitbestimmung praktizieren, durchaus erfolgreich verlaufen. Jedoch liegt meist mit der Einrichtung einer solchen Stelle noch nicht das „Commitment" der Unternehmensführung zu diesem Themenkomplex vor. Dieses muss erarbeitet werden. Es kann ein sehr aufwendiger Prozess sein, der deshalb schwierig ist, weil der Wunsch nach einer bestimmten Ausformung der Personalpolitik „von der falschen Seite" geäußert wird.

3.3. Vorstand: top down

Erfolgversprechender als der bottom up-Weg ist der des top down. Hier liegt das Commitment der Unternehmensleitung vor, auf das man sich auch bei Obstruktionen durch Menschen im Unternehmen beziehen kann. Wenn das Thema „Chancengleichheit" durch die Unternehmensleitung initiiert wird, dann kann sie von Anfang an das Thema gestalten und wird dabei die Individualisierung der Gesellschaft im Auge behalten.

Gerade die Generation der jungen Frauen möchte nicht als defizitär angesehen werden, verspürt – zunächst? – keine Obstruktionen aufgrund ihres Geschlechts und möchte ihre Interessen nicht von einer „Frauenbeauftragten" oder „Gleichstellungsbeauftragten" wahrgenommen wissen. Sie hat vielmehr pragmatische Fragen zur Personalentwicklung, zur Vereinbarkeit von Familie und Beruf und wünscht sich Mentorings, um sich optimal entwickeln zu können.

Bei einer von wirklicher Überzeugung getragenen Unterstützung durch die Unternehmensführung lassen sich Konzepte leichter realisieren, der oder die Wahrnehmer/in der Aufgabe muss nicht als Bittsteller in Erscheinung treten. Das Thema „Chancengleichheit" ist ein ganz normales wie viele andere auch. Nach Auffassung der Autoren ist dies der optimale Weg, das Thema zu gestalten.

3.4. Freistellung von Personal und hierarchische Anbindung

Mit welcher Intensität und damit Ressource das Thema im Unternehmen bearbeitet wird, hängt einerseits vom Grad der ihm zugemessenen Wichtigkeit ab, andererseits aber auch von der Frage, inwieweit das Unternehmen sonst in die Verantwortung genommen wird. Klein- und mittelständische Unternehmen werden – wenn überhaupt – dafür kein Personal freistellen können. Hier ist in erster Linie einmal die Unternehmensleitung, der

Chef oder die Chefin gefragt. Vorteil von kleineren Unternehmen ist jedoch der unmittelbare und meist persönlichere Bezug zwischen Mitarbeitenden und Unternehmensleitung. Hier können Individualprobleme individuell gelöst werden, obwohl hier oft keine systematische Personalpolitik stattfindet, selten auch eine ebensolche Personalentwicklung. Großunternehmen mit Betriebsräten haben oft das Problem, dass Individuallösungen mitbestimmungsseitig nicht gewünscht sind.

Ein Vergleich innerhalb des „Forum Frauen in der Wirtschaft"[42] zeigt, dass das Thema mit sehr unterschiedlichen quantitativen Kapazitäten bearbeitet wird: Telekom hat 31 freigestellte Gleichstellungsbeauftragte, die sich auf die Zentrale, die Gebiete und die Regionen verteilen. Die geringste Kapazität stellt ein Unternehmen, bei dem die Verantwortliche für diese Aufgabe zu 50 Prozent freigestellt ist und daneben auch noch andere Aufgaben wahrnehmen muss.

Interessant ist in diesem Kontext die Untersuchung von Susanne Dudek-Marschaus[43], in der sie zu der Beobachtung kommt, dass diejenigen Unternehmen, die Personal für eine chancengleiche Personalpolitik bereitstellen, dieses auch während massiver Umstrukturierungen und Down Sizings beibehalten haben. Im Gegenteil, die personelle und materielle Ausstattung wurde in den meisten Unternehmen antizyklisch beibehalten oder sogar verstärkt.

Inwieweit Anzahl des freigestellten Personals und Verantwortung aller Unternehmensteile für eine chancengleiche Personalpolitik korrelieren, kann nicht allgemeinverbindlich gesagt werden. Sicher ist, dass bei einer großen Anzahl die Verantwortung in den Spezialbereich delegiert wird. Bei dünner Personaldecke wird sich der oder die Verantwortliche Promotoren in der Organisation suchen, was ja grundsätzlich durchaus wünschenswert ist. Es muss jedoch genügend Zeit für innovative Impulse bleiben.

Die hierarchische Anbindung der Funktion der oder des Beauftragten hängt auch wieder von der Unternehmenskultur ab. Ein weniger offenes, eher hierarchisches Unternehmen wird diese Funktion hoch ansiedeln, falls sie etwas bewirken soll. Ein flexibles Unternehmen mit einer offenen Kultur und einer hohen Prozessorientierung wird der hierarchischen Ebene nicht viel Aufmerksamkeit widmen.

Innerhalb des oben genannten Forums gibt es ganz unterschiedliche organisatorische Lösungen: von direkt an den Personalvorstand berichtend bis zur schlichten Sachbearbeiterfunktion ist alles vertreten. Das gleiche gilt für die Qualifikationen der Funktionsinhaberinnen, die ähnlich breit gefächert sind.

Interessant erscheint in diesem Zusammenhang die Frage, inwieweit der Erfolg dieser Aufgabenerledigung personenbedingt ist. Zwar wird immer wieder behauptet, jeder Mensch sei austauschbar. Dem gegenüber gibt es sicherlich eine Fülle von hochdifferenzierten Aufgaben, bei denen es schon entscheidend darauf ankommt, dass sie von jemandem übernommen werden, der hierfür auch die erforderliche Eignung besitzt. Und da sind es dann häufig nicht viele, die sich anbieten.

---

[42]Ihm gehören Aventis, Bayer, Bosch, BP, Commerzbank, DaimlerChrysler, Deutsche Bahn, Deutsche Bank, Deutsche Lufthansa, Fraport, LSG SkyChefs, Merck, Philips, Schering, Springer Verlag, Telekom, VW, VW Bank an.

[43]Politik der Chancengleichheit in Großunternehmen: Ergebnisse einer Befragung, in: Krell (Hrsg.) Chancengleichheit durch Personalpolitik

3.5. Fazit

Es gibt für Unternehmen nicht nur verschiedene themenbezogene Annäherungen an Chancengleichheit. Auch die Treiber können sehr unterschiedlich sein. Letztlich ist es unerheblich, welcher Weg gewählt wird. Er muss zur Kultur passen, es sei denn, ein Unternehmen befindet sich ohnehin in einem kulturellen Umbruch.

4.   Historie zur chancengleichen Personalpolitik bei Lufthansa

Bevor auf einzelne Konzepte und Aspekte sowie deren Entstehungsgeschichte eingegangen wird, soll kurz das Unternehmen Deutsche Lufthansa AG und dessen Geschichte beleuchtet werden, um die Interdependenz von personalpolitischem Vorgehen und Unternehmenskultur zu verdeutlichen.

4.1. Lufthansa-Geschichte allgemein

Im August 1954 wurde die im Januar 1953 gegründete „Aktiengesellschaft für Luftverkehrsbedarf" (Luftag), Sitz Köln, in „Deutsche Lufthansa AG" umbenannt und mit einem Grundkapital von DM 50 Mio ausgestattet. Die fast reine Staatslinie beschäftigte zum Jahresende 1954 ca. 600 Mitarbeiterinnen und Mitarbeiter.

Am 01.April 1955 wurde wieder ein regulärer Flugbetrieb aufgenommen. Man begann mit 4 Flugzeugen der Marke „Convair" den innerdeutschen Verkehr zwischen Frankfurt, Hamburg, Düsseldorf, Köln und München; dann folgten wenig später London, Paris, Madrid und Lissabon. Schon zwei Monate danach, am 08. Juni 1955 wurde mit vier Maschinen der Marke „Super Constellation" der Linienbetrieb in die USA eröffnet. Fliegen zu dieser Zeit war noch sehr exklusiv und auch teuer.

Die Gesellschaft entwickelt sich schnell. Nach permanenten Defiziten in den Anfangsjahren werden in den 60-er Jahren die ersten – bescheidenen – Gewinne erzielt.

Die Verantwortlichen von damals haben sicherlich nicht ahnen können, dass der Lufthansa Konzern heute über 70.000 Mitarbeiterinnen und Mitarbeiter haben und über eine Flotte von mehr als 300 Flugzeugen verfügen würde.

Mit Beginn der siebziger Jahre, als sich die Trennung der gesellschaftlichen Schichten allmählich flexibler gestaltete, nahm auch die Zahl der Flugreisenden zu; Fliegen wurde allmählich zu einem Massengeschäft. Lufthansa betrieb 70[44] Flugzeuge, beschäftigte inzwischen 28.000 Mitarbeiterinnen und Mitarbeiter, beförderte im Jahr mehr als zehn Millionen Passagiere.

In dieser Zeit wirkten sich Ereignisse, die einen politischen Hintergrund hatten, auch auf die Lufthansa aus: In den Jahren zwischen 1972 und 1977 kam es zu insgesamt 14 erpresserischen Flugzeugentführungen. Während sich das fliegende Personal der Lufthansa in vorbildlicher Weise dieser Situation stellte[45], war unter den Passagieren

---

[44] Die Zahlen beziehen sich auf das Jahr 1975.
[45] Es kam in dieser Zeit nur zu einer einzigen Kündigung durch eine Mitarbeiterin wegen psychischer Belastungen.

doch eine große Verunsicherung festzustellen. All denjenigen, die zur damaligen Zeit schon gelebt und das politische Geschehen wahrgenommen haben, sind mit Sicherheit die dramatischen Tage im Oktober 1977 noch im Gedächtnis. Diese Zeit war gekennzeichnet von einem gegen den Staat gerichteten Terror, ausgelöst von der sogenannten RAF. Einzelheiten sollen hier nicht geschildert werden. Jedoch in engem Zusammenhang mit dem Geschehen bei Lufthansa und deshalb erwähnenswert stand die Entführung des damaligen Arbeitgeberpräsidenten Hans Martin Schleyer. Die Bundesregierung hatte sich geweigert, im Gegenzug zur Freilassung von Schleyer die in Stuttgart-Stammheim inhaftierten Köpfe der RAF aus dem Gefängnis zu entlassen. In diese Zeit fiel die Entführung einer Lufthansa B737 („Landshut") auf dem Flug von Palma de Mallorca nach Deutschland durch ein arabisches Terrorkommando. Diese Entführer arbeiteten mit der RAF zusammen. Auch sie forderten die Freilassung der in Stammheim Inhaftierten. Im Verlaufe dieser mehrere Tage andauernden Entführung, während der das Flugzeug Flughäfen im Nahen Osten und in Ostafrika ansteuerte, kam es zur Ermordung des Flugkapitäns vor den Augen der Passagiere. Die Verkehrsfliegerschule der Deutschen Lufthansa in Bremen trägt heute seinen Namen: Jürgen Schumann.

In Mogadischu, der Hauptstadt Somalias, kam es schließlich zur gewaltsamen Befreiung der Passagiere und der Besatzung durch ein Kommando der GSG 9. Der damalige Präsident von Somalia, Siad Barre, hatte auf Drängen des deutschen Unterhändlers, Siegfried Wischnewski, der Bundesrepublik den Einsatz der Antiterrortruppe auf somalischem Gebiet erlaubt. Während die Passagiere weitestgehend unverletzt blieben, fanden drei Geiselnehmer den Tod; eine Terroristin wurde schwer verletzt. Unmittelbar nach Bekanntwerden des – fast – glücklichen Ausgangs dieser Entführung begingen die in Stammheim inhaftierten Anführer der RAF Selbstmord. Die Reaktion darauf war die Ermordung des Arbeitgeberpräsidenten. Ein hoher Preis, aber der Staat hatte sich nicht erpressen lassen.

Für die Lufthansa war damit der Weg in die Normalität noch nicht geebnet. Die RAF formulierte eine in der Öffentlichkeit kommunizierte neue Drohung gegen das Unternehmen. Man wolle bis zum 15. November 1977 mit einer Bodenluftrakete (Sam 7) eine Maschine der Lufthansa vom Himmel schießen. Diese Meldung hatte den gewünschten Erfolg. Die Buchungszahlen gingen drastisch zurück. So lag die Auslastung der Flugzeuge[46] teilweise bei nur 30 Prozent. Passagiere und obere Manager des Unternehmens baten in sogenannten „Personality-Anzeigen" um Vertrauen zur Lufthansa. Sie hatten nur begrenzten Erfolg. Das Passagierverhalten normalisierte sich erst sehr langsam wieder nach dem 15. November 1977, nachdem bis dahin nichts geschehen, die Drohung nicht wahrgemacht worden war.

Anzumerken ist noch, dass diese Zeit massivster Bedrohung in der Innenwirkung bei Lufthansa zu einem unglaublichen Solidaritätsgefühl und einer starken Identifizierung

---

[46] Im terminus technicus „Sitzladefaktor"

mit dem Unternehmen sowie mit allen Kollegen und Kolleginnen führte. Diese Haltung konnte auch Anfang der neunziger Jahre, darauf wird an späterer Stelle eingegangen, festgestellt werden.

Ende der siebziger, Anfang der achtziger Jahre gab es eine hochbrisante Auseinandersetzung innerhalb der Lufthansa. Die Geschäftsleitung und die Personalvertretungen des Cockpit-Personals standen sich gegenüber, als es um die Einführung des 2-Mann-Cockpits für den Airbus A310 ging. Zu diesem Zeitpunkt war das erfolgreichste Kurzstreckenflugzeug der Welt, die Boeing 737, bereits ca. eineinhalb Jahrzehnte völlig problemlos mit nur zwei Piloten, d.h. ohne einen Flugingenieur geflogen. Und das auch in den Gebieten mit dem schlechtesten Wetter der Welt. Die Boeing B727, ebenfalls ein äußerst erfolgreiches Flugzeug, operierte mit 2 Piloten und einem Flugingenieur. Sie sollte sukzessive durch den kleinen Airbus ersetzt werden. In diesem Zusammenhang nun entbrannte der erbitterte Streit um den Arbeitsplatz des Flugingenieurs. Erst nachdem den Flugingenieuren umfassende Umschulungsmaßnahmen für Cockpit- und Bodenberufe zugesagt worden waren, gelang es der Geschäftsleitung schließlich, mit der Argumentation „sicher, wirtschaftlich und niemanden überfordernd" das 2-Mann-Cockpit für den Airbus durchzusetzen. Heute fliegen weltweit 2-Mann-Flugzeuge auch lange Strecken, z.B. über den Nordatlantik. Niemand nimmt mehr Anstoß daran. Sicherheitseinbußen hat es nicht gegeben. Irgendwelche Zwischenfälle, die aufgrund der Tatsache passiert wären, dass das Cockpit mit nur zwei Personen besetzt gewesen wäre, sind nirgends bekannt geworden.

In jenen Jahren führte ein breit angelegter Strategieprozess zu dem Ergebnis, dass Lufthansa in Zukunft schneller wachsen werde als der gesamte Markt; und das aus eigener Kraft. Diese Philosophie erwies sich als nicht haltbar. Wie stark der Golfkrieg und seine Folgen daran beteiligt waren, diese These zu widerlegen, kann dahingestellt bleiben. Eine kurze Beschäftigung mit dieser schweren Krise der Lufthansa sei in diesem Kontext dennoch erlaubt. Der Überfall des Irak unter der Führung des Diktators Saddam Hussein auf Kuwait, mündete im Januar 1991 in den Golfkrieg. Bereits vor der Auseinandersetzung hatte der Diktator gedroht, er werde den Krieg in alle Länder der Welt tragen und dabei auch zivile Einrichtungen nicht verschonen. Selbstverständlich fühlten sich die Fluggesellschaften von diesen Ankündigungen bedroht. Verstärkte Sicherheitsvorkehrungen führten jedoch nicht dazu, den reisenden Passagieren die aufkommende Angst zu nehmen. Der Frankfurter Flughafen war zu der Zeit sicherlich eines der am besten bewachten Gebäude der Welt. Innerhalb der Abfertigungshallen sah es manchmal eher aus wie in einem Soldatenlager als wie in einer Wartehalle, in der sich Reisende auf ihre Ferien freuen. Selbst die Kantinen des Personals waren durch mit Maschinenpistolen ausgerüstete Grenzschützer gesichert.

Die gehegten Befürchtungen traten ein. Die Angst des reisenden Publikums ließ die Buchungszahlen drastisch zurückgehen. Die Luftverkehrsgesellschaften waren gezwungen, ihr Angebot deutlich zurückzunehmen. Das führte sogar dazu, dass Flugzeuge aus dem Verkehr gezogen und in das trockene Klima der Wüste von Arizona gestellt wurden bis zu dem Zeitpunkt, zu dem sie hoffentlich wieder gebraucht würden. Bei Lufthansa versuchte man diese Verringerung des Angebotes in kleinen Schritten vorzunehmen, in der Hoffnung, dass der Krieg bald beendet sein würde und man um so schneller wieder zu einer Normaloperation zurückfinden könnte. Zwar dauerte der Krieg fast ein Vierteljahr, die Überlegungen im Hause Lufthansa erwiesen sich jedoch als richtig. Schneller als andere Gesellschaften gelangte man wieder zur Normalität. Die Passagierzahlen entwickelten sich erfreulich positiv. Dieser Anstieg hielt bis etwa Ende November des Jahres an. Danach führte das weltweite Überangebot zu starkem Preisverfall. Die Gesellschaften schrieben über lange Zeiträume rote Zahlen. Das ohnehin schwache Winterhalbjahr war im Jahr 1991/92 besonders schlecht. So kam es dann, dass im Juni 1992 der Lufthansa-Vorstand die obersten Führungskräfte darüber unterrichtete, dass das Unternehmen ein Sanierungsfall geworden war.

Nachdem sich der Schrecken über das Ausmaß der Krise gelegt hatte, wurde in kürzester Zeit ein Sanierungsprogramm entwickelt. Es bestand aus vielerlei Komponenten: Angebotsreduzierung, Verkauf von Immobilien, schrittweiser Abbau von 8.500 Mitarbeiterinnen und Mitarbeitern, strikteste Ausgabendisziplin, klare Kostenzuordnung, Abschneiden sozialer Besitzstände, Nullrunde am Tarifverhandlungstisch und dergleichen Dingen mehr. Bemerkenswert und deshalb zu erwähnen ist hierbei, dass sich die Lufthanseaten nicht nur mit dieser Situation abfanden, sondern sie als Herausforderung annahmen und ihre gesamte Arbeitskraft mobilisierten, um das Unternehmen, mit dem sie sich identifizierten, aus der Krise zu holen. So ist es auch nicht verwunderlich, dass der Personalabbau völlig „geräuschlos" realisiert wurde. Es kam zu keinem Arbeitsgerichtsprozess, zu keinerlei Streikhandlung der Gewerkschaften oder Protestkundgebung seitens der Betriebsräte. Wiederum zeigte es sich, dass die Kraft eines Unternehmens erst dann erkennbar wird, wenn es in einer Krise steckt. Man wird sich solche Situationen aus diesem Grunde sicherlich nicht herbeisehnen. Positiv ist aber die Gewissheit, dass, falls das Unternehmen in existenzbedrohende Turbulenzen gerät, es der eingespielten Mannschaft gelingt, wieder ruhigere Flugzonen zu erreichen.

In diese Zeit fällt auch der Markteintritt der Deutsche British Airways, eines hochsubventionierten Ablegers der British Airways. Der nicht zu leugnende Einfluss auf die Ertragslage im europäischen Binnenluftverkehr übte zusätzlichen Druck auf das Unternehmen Lufthansa aus, sich stärker als bisher den Kundenwünschen zuzuwenden. Mit anderen Worten, aus dem Anbieter- wurde ein Kundenmarkt.

Diese Ereignisse, aber auch die vielen unabhängig davon angestellten strategischen Überlegungen in Bezug auf die Zukunft des Konzerns führten zu der Erkenntnis, dass ein Unternehmen in dieser Größe nicht mehr kostenwirtschaftlich zu steuern sei. Die logische Konsequenz daraus war eine Aufteilung. Nach Überwindung der Schwierigkeiten, die aus der Beteiligung der Lufthansa an der VBL[47] rührten, gelang

---

[47] Versorgungsanstalt des Bundes und der Länder, die Zusatzversorgung des Öffentlichen Dienstes, dem Lufthansa in dieser Hinsicht gleichgestellt war.

zum 01.01.1995 die totale Neuordnung des Konzerns. Die bisherige Lufthansa AG wurde in mehrere selbständige Gesellschaften zergliedert. Deren größte waren: Lufthansa Technik AG, Lufthansa Cargo AG und Lufthansa Systems GmbH. Der Passagierverkehr wurde weiterhin unter dem Namen Deutsche Lufthansa AG (der sogenannten „Passage-Airline") abgewickelt. Die LSG, Lufthansa Service GmbH und SkyChefs, blieb weiterhin selbständig und entwickelte sich im Laufe der Jahre zum Weltmarktführer mit über 30 Prozent Weltmarktanteil. Auch die übrigen Lufthansa-Gesellschaften profitierten von der Neuordnung. Klare Kosten- und Ergebnisverantwortung führten sie schon in den ersten Monaten in profitable Zonen. Für die Mitarbeiterinnen und Mitarbeiter entstand ein neues Selbstbewusstsein. Man fühlte sich zwar unter dem Schild der Lufthansa geborgen, war aber gleichzeitig zu Hause in einer kleineren Firma, mit der die Identifikation noch stärker war als bisher mit der großen Dachmarke. Die weitere Entwicklung führte dann am 13. Oktober 1997 zur endgültigen Totalprivatisierung des Unternehmens. Die öffentliche Hand verkaufte ihre Anteile, dem gemäß sank auch ihr Einfluss auf die Geschicke des Unternehmens. Sowohl am Aktienmarkt als auch innerhalb der Belegschaft wurde das Ereignis mit großer Freude begrüßt.

Personalpolitisch war und ist dieser Schritt selbstverständlich begleitet worden von Diskussionen über Fragen zur Dezentralisierung versus Konzernprimat, also über den Gewinn einer Einzelgesellschaft auf Kosten des Konzernoptimums. Solche Diskussionen müssen geführt werden. Sie dienen der Klarstellung. In den allermeisten Fällen gelingt es den zentralen Einheiten, durch Überzeugungsarbeit Dinge zu bewegen, zu denen die einzelnen Konzerngesellschaften zunächst einmal wenig Neigung verspüren. Der Konzern sieht auch in der Überzeugung den besseren Weg gegenüber dem Anwenden von Beherrschungsverträgen oder der Einflussnahme über Mehrheiten in Aufsichtsräten. Im Rahmen dieser Ausführungen kann die Frage, inwieweit zentrale Funktionen zusätzlich Dienstleistungsaufgaben für die Einzelgesellschaften wahrnehmen, nicht beantwortet werden, auch wenn sie von zentraler Bedeutung ist.

Die bereits erwähnte Philosophie, Wachsen aus eigener Kraft und ohne fremde Hilfe, wurde durch die Gründung der „Star Alliance"[48] eindrucksvoll widerlegt. Schon Anfang der neunziger Jahre war klar geworden, dass in dem gnadenlosen internationalen Wettbewerb keine Fluggesellschaft als einzelne mehr eine Überlebenschance haben würde. Folgerichtig suchte man Allianzen, um z.B. gemeinsam den Vertrieb zu organisieren, um gemeinsam Strecken durchzuführen und sich den Ertrag auf diesen Strecken zu teilen und viele andere Dinge mehr. Lufthansa war – genau entgegen früherer Überzeugung – mit bei den Ersten, die die Initiative ergriffen. Zum Glück gelang es innerhalb kurzer Zeit, mit den besten Airlines der Welt eine leistungsfähige

---

[48] Der ersten weltweiten Allianz von 15 Fluggesellschaften, zu denen Air Canada, Air New Zealand, ANA – All Nippon Airways, Ansett Australia, Austrian Airlines, British Midland, Lauda Air, Lufthansa, Mexicana Airlines, SAS – Scandinavian Airlines System, Singapore Airlines, Thai Airways International, Tyrolean Airways, United Airlines, Varig gehören.

Allianz zu schließen, die es ermöglicht, den Kunden weltweit ein umfassendes und preisgünstiges Angebot zu unterbreiten. Dennoch: Auch ein solch effizientes Bündnis kann eine Luftverkehrsgesellschaft nicht vor Rückschlägen schützen. Die Gewinnspannen in dieser Branche sind einfach zu klein. Der „Klassenbeste" von heute kann leicht zum Schlusslicht von morgen werden. Jäger werden oft zu Gejagten, sobald sie die vorderen Ränge besetzen. Kein Grund also, in guten Zeiten Hybris zu entwickeln.

Mit diesem historischen Exkurs sollte der Einfluss von Krise und Sanierung auf das Handeln der Lufthansa verdeutlicht werden. Er sollte darlegen, wie tief zu Beginn der 90-er Jahre der Schrecken saß und wie sich daraus unter anderem ein starkes Kostenbewusstsein entwickelt hat. Ebenfalls sollte erklärt werden, warum jede Form von Einengung und Regulierung durch nationale Betrachtungen nachhaltig abzulehnen ist. Gleichwohl betreibt Lufthansa eine chancengleiche Personalpolitik; und zwar aus eigener Überzeugung und stellt die dafür erforderlichen Ressourcen zur Verfügung. Sämtliche Aktivitäten in diesem Felde werden also wirklich vom Unternehmen getragen.

Die historische Entwicklung dieser Politik bis zum heutigen Tage soll anhand einiger Beispiele dargestellt werden.

4.2. Arbeitszeitflexibilisierung

Ein Luftfahrtunternehmen hat wegen der Natur seines Geschäftes zumindest für einen beschränkten Mitarbeiterkreis Arbeitszeiten, die an 365 Tagen über 24 Stunden verteilt sind. Dies gilt für das fliegende Personal in Cockpit und Kabine, aber auch für das technische Personal, das vor allem Wartungsarbeiten auch in der Nacht vornimmt, damit die „Bodenzeiten" so gering wie möglich ausfallen, denn ein Flugzeug ist nur in der Luft produktiv. Andere Berufsgruppen wie zum Beispiel die Mitarbeiter und Mitarbeiterinnen in der Verkehrszentrale[49] in Frankfurt, sind auch vom Dreischichtendienst betroffen.

Den Beginn der Arbeitszeitflexibilisierung bei Lufthansa kann man unumwunden mit kurios bezeichnen. Es waren nicht sozialpolitische oder personalpolitische Erwägungen, die zur Einführung der gleitenden Arbeitszeit in diesem Unternehmen führten, sondern ganz vordergründig technisch-organisatorische.

Lufthansa war bis zum Jahre 1969 in Köln in der alten Universität, Claudiusstraße, untergebracht. Gearbeitet wurde nach „strammer" Zeitvorgabe von 08:00 bis 17:00 Uhr.

Im Jahre 1970 wurde das neue Verwaltungsgebäude, ein 14-stöckiges Hochhaus in Rheinuferlage in Köln-Deutz gegenüber der historischen Stadtansicht von Alt-Köln gebaut. Zu dem in diesen Bau integrierten Parkhaus gab es zwei Zugänge, einen von Köln-Deutz, den anderen von den linksrheinischen Stadtteilen über die Deutzer Brücke. Da in dem Hochhaus über 1000 Mitarbeiter und Mitarbeiterinnen arbeiten sollten, sahen

---

[49] Das ist die Leitstelle für alle Flugzeuge weltweit.

sich die Logistiker vor eine schwierige Aufgabe gestellt. Ein gleichzeitiger Arbeitsbeginn morgens um 8:00 Uhr hätte unweigerlich zur totalen Verstopfung der Deutzer Brücke bis hin zum Kölner Neumarkt und auf der anderen Seite bis weit nach Deutz hineingeführt. Also bot man dem Betriebsrat den Abschluss einer Betriebsvereinbarung über gleitende Arbeitszeit an, um den Arbeitsbeginn und natürlich auch das Arbeitsende zu entzerren, damit das erwartete Verkehrschaos ausbleiben konnte.

Was aus der Not geboren wurde, erwies sich als ausgesprochen attraktives Angebot an die Arbeitnehmerschaft. Die Kernarbeitszeit war – höchst liberal – auf 10 – 15 Uhr festgelegt. Pro Monat konnte ein Tag zum Abbau von sogenannten „Plusstunden" genutzt werden. Alle zwei Monate war mit Zustimmung des oder der Vorgesetzten ein zweiter Tag solchermaßen zu verwenden. Seit dem Jahr 1970 ist die Betriebsvereinbarung zur gleitenden Arbeitszeit mehrfach überarbeitet worden. Auch heute gibt es eine entsprechende Konzernbetriebsvereinbarung, die dahingehend modifiziert wurde, dass die Kernarbeitszeit entfallen ist.

Der Streit darüber, ob es sich um einen Segen für beide Seiten oder aber um einen Fluch für das Unternehmen handelt, wird täglich neu ausgetragen. Auf der einen Seite sind die Regelungen zur gleitenden Arbeitszeit sicherlich ein hervorragendes Instrument zum flexiblen Personaleinsatz, auf der anderen darf man indessen nicht verkennen, dass es „Sozialarithmetiker" gibt, die immer aus liberalen Regelungen ihren Profit schlagen, der letztlich anderen zum Nachteil gereicht. Unter dem Strich wird man jedoch feststellen dürfen, dass die gleitende Arbeitszeit ein vernünftiger Schritt in die Richtung zur – mittlerweile auch schon partiell umgesetzt – totalen Arbeitszeitsouveränität ist. Es ist geradezu anachronistisch, Arbeit zu Zeiten, in denen es an ihr mangelt, so zu klassifizieren, dass der oder die Einzelne gezwungen wird, mit ihr eine exakt bemessene Zeit zuzubringen.

Damit hätte man als Vertragsinhalt zwischen dem, der Arbeit „gibt" (eigentlich eher nimmt!), und dem Arbeitnehmenden (eigentlich dem Gebenden!) ein Agreement über Zeit, nicht über geleistete Arbeit – ein Widerspruch zu jedem modernen Personalmanagement, das sich von der Präsenzkultur verabschieden möchte. Manche Führungskräfte[50] kritisieren den Wunsch ihrer Vorgesetzten nach persönlicher Ansprechbarkeit, auch wenn die Arbeit erledigt ist oder in einer anderen Form erledigt werden kann.

Es ist die vornehmste Aufgabe der Führungskräfte, die Arbeit so interessant und erfüllend zu gestalten, dass sie von dem einzelnen weniger als Belastung denn als Bereicherung empfunden wird. Damit soll nicht gesagt werden, dass Arbeit zukünftig nicht mehr anstrengend ist. Das Gegenteil wird der Fall sein. Und die zu bewältigenden Aufgaben werden ständig höhere Ansprüche an die intellektuellen Fähigkeiten der Mitarbeitenden stellen. Wenn gleichzeitig auch die Ansprüche an das Verantwortungsbewusstsein und die Eigenständigkeit wachsen, ist die Existenz von

---

[50] S. dazu auch die Führungskräftebefragung in Kapitel 6.2.5.

Stechkarten oder Zeiterfassungsautomaten quasi entmündigend für die Mitarbeiter und Mitarbeiterinnen. Nach und nach würden diese Geräte obsolet werden.

Ein weiterer Aspekt der Arbeitszeitflexibilisierung neben der Lage der Arbeitszeit betrifft den Umfang. Dabei rückt vor allem Teilzeitarbeit in die Mitte der Betrachtung. In der Deutschen Lufthansa AG liegt die Teilzeitquote mittlerweile bei 22 Prozent. Es gibt kaum ein Teilzeitmodell, das nicht angewandt wird. Das selbe gilt auch für das fliegende Personal. Hier ist der Wunsch nach Teilzeit ebenfalls stark ausgeprägt (25 Prozent). Erstaunlicherweise ist die Quote der teilzeitarbeitenden Männer höher als man erwarten würde. Sie liegt derzeit bei ca. 35 Prozent.

Dem Thema Arbeitszeitflexibilisierung wird in der Zukunft noch weit größere Aufmerksamkeit zuteil werden müssen, als dies in der Vergangenheit der Fall war. In Kapitel 2 ist ausgeführt worden, dass der Arbeitsmarkt sich vom Anbieter- zu einem Bewerbermarkt geändert hat. Wenn denn aber die Bewerber das Sagen haben auf dem Arbeitsmarkt, wird man nicht umhin können, ihren Vorstellungen im Hinblick auf die Flexibilisierung der persönlichen Arbeitszeit, weitestgehend zu folgen.

Aber auch andere, flexibilisierbare Parameter erhöhen die eigene Dispositionsfreiheit und können so die Arbeitszufriedenheit vergrößern, falls die betrieblichen Belange berücksichtigt sind: Sabbaticals, Arbeiten nur an bestimmten Wochentagen, Job-Sharing, alternierende Telearbeit und anderes mehr. Nur jene Unternehmen, die sich aktiv und progressiv mit modernen Formen der Arbeitszeitgestaltung auseinandergesetzt haben, werden auf entsprechende Resonanz am Arbeitsmarkt stoßen. Nur ihnen wird es gelingen, hochqualifizierte Menschen, die gern Herr ihrer eigenen Zeit sind, für eine Mitarbeit zu gewinnen. Ohnehin ist das einfache Kontrollieren von Anwesenheitszeit als Überwachungsmechanismus für geleistete Arbeit schon lange untauglich. Natürlich ist es einfacher, in einer „Präsenzkultur" zu leben, als die Beurteilung einer Arbeit nach der erbrachten Leistung vorzunehmen.

Letzteres setzt eine im Dialog geführte Auseinandersetzung zwischen dem Vorgesetzten oder – immer häufiger – der Vorgesetzten und dem/der Mitarbeitenden voraus. Sie verlangt nach Zielvereinbarungen, Meilensteingesprächen und schlussendlich nach exakter Überprüfung des Grades der Zielerreichung. Schon heute gehen alle diese Modelle einher mit einer variablen Leistungsvergütung. Es ist kaum erstaunlich, dass ins Arbeitsleben drängende Mitarbeiter und Mitarbeiterinnen weniger nach dem Gehaltsfixum fragen, als nach der Variablen, der sie aufgrund der Leistung, die sie sich zutrauen, einfach größeres Gewicht beimessen.

Man darf im Übrigen nicht den Grad der Selbstbestätigung unterschätzen, den eine hohe, auf der Leistung fußende Vergütung bei dem Einzelnen hervorruft. Auch hier gibt es mittlerweile sehr viele vernünftige Modelle, die zu sinnvollen und motivierenden Ergebnissen führen. Vorsicht ist indessen geboten, bei zu feinsinnig zugeschnittenen Produkten. Je größer die (Schein-)Genauigkeit, um so mechanistischer kann man zu einem Ergebnis kommen. Dies aber ist genau nicht im Fokus solcher Systeme. Vielmehr wollen sie dazu anhalten, dass der oft brachliegende Dialog zwischen Vorgesetzten und

Mitarbeiterinnen und Mitarbeitern durch extrinsischen Druck[51] häufiger geführt wird. Er kann die oft herrschende Sprachlosigkeit auflösen helfen. Er kann und soll durch Erkennen von Befindlichkeiten Fälle von sogenannter innerer Kündigung vermeiden helfen. Von all diesen Dingen, die überwiegend dem „sozial-hygienischen" Bereich zuzuordnen sind, einmal abgesehen, führt eine leistungsorientierte variable Vergütung mit Sicherheit zu einer höheren Arbeitsleistung und somit auch zu einem höheren Profit im Unternehmen. Die klassische win-win-Situation.

4.3. Frauen in Männerdomänen, Männer in Frauendomänen

Der Ausdruck „Domäne" (franz.: domaine) findet seine Wurzel im Lateinischen „domus" – das Haus, „dominus" – der Herr (des Hauses). Ebenso abgeleitet ist das Verbum „dominieren" (lat.: dominari) – beherrschen. Eine Domäne ist also ein Raum, in dem irgend jemand, irgend etwas herrscht. Frauendomäne [52]ist demnach ein Bereich, in dem Frauen herrschen, Männerdomäne umgekehrt.

Aus welchem Grunde beschäftigt sich dieses Buch mit den beiden Begriffen?
Es soll der kurze Versuch unternommen werden, die Einordnung der Geschlechter in das heutige Berufsleben zu begründen, besser, sie nicht als Zufall hinzustellen. Und die Aufteilung des menschlichen Lebens in Domänen hat historischen Charakter. Sie beruht auf der Arbeitsteilung, die immer schon, auch in grauer Vorgeschichte, stattgefunden hat. Gleichgültig, ob es sich um patriarchalische oder matriarchalische Gesellschaftsformen handelte, den Männern fiel wegen der größeren körperlichen Stärke und Schnelligkeit die Beschaffung der Nahrung zu. Jedenfalls solange Fleisch gejagt wurde.[53]

Das Sammeln von Früchten oblag derweil den Frauen. In der Agrargesellschaft durften Frauen sehr wohl die körperlich anstrengende Feldarbeit leisten. Hier trennten sich – durch Not – Innen- und Außenbereich nicht mehr so strikt wie zuvor. Gleichwohl bildeten sich aufgrund von Naturbegabungen[54], genau so stark aufgrund von Überlieferungen, bestimmte Bereiche heraus, die besser von dem einen als von dem anderen Geschlecht bestellt wurden. Betrachten wir die aktuelle Szene, finden wir immer noch eine Fülle von Berufen, die fast ausschließlich nur von einem Geschlecht ausgeübt werden. Um einige willkürlich herauszunehmen: Lokomotivführer, Matador, Türwächter, Vereinsvorsitzender, Schiedsmann (!), Kardinal, Kapitän auf großer Fahrt

---

[51] Eine Diskussion über die Effektivität von Motivatoren erscheint dringend geboten, was im Rahmen dieser Arbeit nicht geleistet werden kann. Ist Druck der erfolgversprechendere Motivator gegenüber der Erkenntnis? Gibt es hier Unterschiede zwischen den Geschlechtern?

[52] s.hierzu auch Kap. 6.1.4.

[53] Die Gegenwartsmedien behaupten, dass die Urfreude des Mannes am Grillen in der Sommerzeit mit der Vorstellung, ein Mammut zu erlegen, begründet ist. Warum sie indes die Fernbedienung für den Fernseher nur über ihre Leiche aus der Hand geben, ist bisher noch nicht populärwissenschaftlich belegt.

[54] Natürlich spielten auch Machtargumente eine Rolle für die Verteilung von Arbeiten auf das eine oder andere Geschlecht.

und andere mehr. Demgegenüber Frauendomänen: Krankenschwester, Hebamme, Kosmetikerin, Haushälterin.

Diese eher unvollständige Aufzählung zeigt, dass die Anzahl der Domänen kleiner wird. Das heißt, das andere Geschlecht hat längst zum Eindringen in das von der Gegenseite behütete Terrain angesetzt. Eines der prominentesten Beispiele wird im Anschluss geschildert: das „Eindringen" der Frauen in die Männerdomäne „Flugzeugcockpit" (siehe Kapitel 4.3.1.). Nicht ohne Augenzwinkern sei eine weitere typisch männliche Domäne genannt. Auch die Welt des Profiboxens haben die Frauen mittlerweile für sich entdeckt. Und spielen eine mehr und mehr beachtete Rolle in ihr.

Aber auch die Männer haben gelernt, dass es interessante Berufe gibt, die bisher ausschließlich oder fast ausschließlich von Frauen ausgeübt wurden. Es gibt kaum noch ein großes Unternehmen, in dem nicht auch männliche Sekretäre anzutreffen sind. Hierbei ist im übrigen zu berücksichtigen, dass noch vor nicht allzu langer Zeit der (männliche) Sekretär eine geachtete Position war. Auch heute noch ist der Staatssekretär eine der höchsten beamteten Positionen[55] in der Administration.

Die Geschlechtersegregation bei den Berufen findet allmählich ihr Ende. Letztlich entscheidend kann nur sein, ob jemand für eine bestimmte Arbeit geeignet ist – und ob er sie auch ausführen will. Wir können es uns auch gar nicht mehr erlauben, solche „Domänen" zu schützen. Bedenkt man, dass im Jahre 2005 ungefähr 250.000 Akademiker in Deutschland fehlen werden, wird klar, dass wir uns den Luxus, bestimmte Berufszweige einem einzigen Geschlecht vorzubehalten, nicht mehr leisten können. Im Gegenteil, wir müssen alles daran setzen, z.B. die Domäne „technische Berufe" für Frauen attraktiv zu machen und die Frauen in diesen Berufen zu halten. Es muss völlig gleichgültig werden, wer die Arbeit macht – Hauptsache, sie wird erfolgreich erledigt.

4.3.1. Cockpit

Bei Lufthansa sind die Domänen, in denen sich mehr Männer als Frauen befinden, das Cockpit, die Technik, viele IT-Berufe und Führungsaufgaben. Umgekehrt finden sich deutlich mehr Frauen als Männer in den Sekretariaten, beim Kabinenpersonal[56] und beim Stationspersonal.

Ende der achtziger Jahre nahm die erste Pilotin Platz im Cockpit. Diese Tatsache wurde seinerzeit mit großem Medienrummel innerhalb des Unternehmens, aber auch extern begleitet. Das lag darin begründet, dass es sich hier keineswegs um eine Selbstverständlichkeit, sondern eher um ein wirklich besonderes Ereignis handelte. Hatte doch wenige Jahre zuvor ein Mitglied des Lufthansa-Vorstandes von sich Reden gemacht mit dem Ausspruch: „Eher wird eine Frau Weltmeisterin im

---

[55] Parlamentarische Staatssekretäre sind dagegen in der parlamentarischen Ordnung nicht in den obersten Positionen.
[56] Stewardessen, Stewards

Schwergewichtsboxen als Pilotin bei Lufthansa". Die Widerlegung dieser Äußerung kam nicht von ungefähr. Jahrelange Bemühungen von Frauen, den Pilotenberuf zu ergreifen, waren dem vorangegangen. Bereits Anfang der siebziger Jahre hatte eine Frau die Bundesrepublik Deutschland als Hauptaktionär der Lufthansa und das Unternehmen selbst auf Einstellung verklagt. Ausgehend von der Überlegung, dass es sich bei der begehrten Einflussnahme durch den Aufsichtsrat auf den Vorstand um eine Art „hoheitlichen Einwirkens" handeln würde, hatte die Klägerin den Weg zum Verwaltungsgericht nach Köln gewählt. Das Verwaltungsgericht jedoch erklärte sich für nicht zuständig, da es sich um eine arbeitsrechtliche Streitigkeit handele. Die Weiterverfolgung ihres Begehrens blieb der Klägerin versagt, da sie bedauerlicherweise bei einem Autounfall ums Leben kam.

Aus heutiger Sicht ist es sehr fraglich – vielleicht auch müßig zu spekulieren – , ob die Klägerin vielleicht vor einem Arbeitsgericht Erfolg gehabt hätte. Bekanntlich galt zum damaligen Zeitpunkt §611a BGB noch nicht. Diese Vorschrift soll Frauen vor Diskriminierung und Benachteiligung bei Einstellung bzw. am Arbeitsplatz schützen. Ob ein Arbeitsgericht unter Berufung auf Artikel 3, Abs. 2 des Grundgesetzes der Klägerin zum Siege verholfen hätte oder ob es den Grundsatz der Vertragsfreiheit herangezogen und die Klage abgewiesen hätte, ist ungewiss. Dieser Streit und diese Rechtsfrage haben heute lediglich noch historischen Wert. Lufthansa glaubte seinerzeit richtig zu handeln im Hinblick auf Sicherheit an Bord (dieses Argument ist heute längst widerlegt), aber auch im Hinblick auf die Erwartungen der Passagiere. Man konnte sich damals einfach nicht vorstellen, dass Passagiere einen weiblichen Flugkapitän akzeptieren würden.

Es war indessen nicht das Prozessrisiko als vielmehr die geänderte öffentliche Meinung, die den Frauen den Zugang in viele, bis dato den Männern vorbehaltene Berufszweige ermöglichte. Lufthansa hat jedoch nicht unter Zwang gehandelt, sondern diese neue Öffnung aus voller Überzeugung vorgenommen. Erstaunlicherweise blieb der erwartete Ansturm auf diesen Beruf aus. Bis heute sind weniger als drei Prozent[57] der Cockpitmitglieder Frauen. Der Zulauf von Frauen pro Jahr liegt nunmehr bei ca. 6 Prozent. Dennoch wird es noch sehr lange dauern, bis Frauen fünf Prozent aller Piloten ausmachen.

4.3.2. Technik

Auch in der Technik sieht die Situation nicht viel besser aus. Im operativen, unter Ausklammerung des administrativen, Bereich liegt der Anteil von Frauen seit Jahren um fünf Prozent. Sehr viele und sehr unterschiedliche Marketingaktivitäten konnten diesen Anteil nicht erhöhen. Interessanterweise wechseln oft junge Frauen nach der Ausbildung und der Absolvierung der erforderlichen Lehrgänge in Aufgaben wie Stewardess oder Stationspersonal. Ursachen dafür mögen in der Motivation der ursprünglichen Berufswahl und in der Unterrepräsentanz im technischen Umfeld liegen. Bei der Motivation für die Wahl der Ausbildung kommt – geringfügig – eine Lenkung durch die

---

[57] 2,4 Prozent am 31.12.2000

Gesellschaft[58] in Betracht, wesentlich deutlicher jedoch individuelle Gründe. Diese fußen in der Psychologie und sollen hier nicht weiter beleuchtet werden. Auffällig jedoch ist, dass es für eine Frau weitaus schwerer zu sein scheint, sich in einer rauen Männerwelt durchzusetzen als in den Büros.

4.3.3. Informationstechnologie

Nach anfänglicher Euphorie beschränkten sich Frauen in diesen Berufen recht bald auf die zuarbeitenden Funktionen. In den Leitungsebenen sind sie – wie in anderen Führungsfunktionen – eher eine Seltenheit. Bedeutungsvoll ist, dass selbst bei den neuen Branchen, in denen Frauen nicht alte Strukturen überwinden müssten, um einen fairen Anteil zu erhalten, sondern von Anfang an bei der Gestaltung des Neuen dabei sein können, es ihnen dennoch nicht gelingt, Fuß zu fassen. Liegt es an der männlichen Dominanz oder an der weiblichen Bescheidenheit?

4.3.4. Führung

Eine weitere, von Männern bis heute noch beherrschte Domäne ist der Bereich der Führung. Auch wenn Frauen bei Lufthansa inzwischen 10,6 Prozent der Führungskräfte[59] ausmachen, sind sie noch zu sehr unterrepräsentiert, um eine kritische Masse[60] zu bilden, die Strukturen ändern könnte. Zusätzlich zu der Menge bedarf es des Bewusstseins. Nicht jede Frau, die mit einer Führungsaufgabe betraut ist, hat die Erkenntnis, dass es Frauen meist erschwert wird, sich zu entwickeln. Damit sind Frauen auch oftmals keine idealen Personalentwicklerinnen für andere Frauen.

Im weiteren Sinne drängt sich hier natürlich auch die Frage auf, was es denn mit der geringen Repräsentanz von Frauen in Führungspositionen nun wirklich auf sich hat. Liegt hier vielleicht doch eine Benachteiligung vor? Sie wäre sicherlich dann gegeben, wenn man geeigneten Personen den Aufstieg nur deshalb verweigern würde, weil sie Frauen sind. Das ist nicht erkennbar. Der Gesetzgeber hat sich ausdrücklich gegen ein solches Verhalten festgelegt[61]. Es ist heute allgemeine Überzeugung, dass die Ausbildung der Frau bzw. ihre Qualifikation der der Männer absolut ebenwürdig ist. Würden die Führungspositionen nach bester Eignung besetzt, müsste es zu einem Gleichgewicht zwischen Männern und Frauen kommen. Offenkundig ist dies nicht der Fall. Wenn es nicht an der Qualifikation liegt, es am Auswahlprozess nicht liegen kann und nicht liegen darf, bleibt als einzige Ursache die Mitarbeiterin selbst.

Hier ist feststellbar, dass sich bis heute tatsächlich weniger Frauen für Führungspositionen interessieren als Männer. Es ist viel darüber geschrieben worden,

---

[58] Durch das Angebot freier Ausbildungsplätze in diesem Bereich und dem Mangel an Ausbildungsstellen in den klassischen Frauenberufen
[59] Zahlen vom 31.12.2000
[60] Bei ca. 20 Prozent geht man davon aus, dass Wirkungen auf die Strukturen möglich sind.
[61] Vgl. Artikel 3, Absatz 2 Grundgesetz, § 611 a BGB, § 87 BetrVG

woran dies liegen kann. Es ist hier nicht der Ort, hierüber eine weitere Abhandlung zu schreiben. Eines lässt sich dennoch in Kürze festhalten: Frauen sind sich selbst und ihren Fähigkeiten gegenüber wesentlich selbstkritischer, als dies Männer sind. Männer neigen beim Verkauf ihrer Talente oft zu Übertreibungen, was das Umfeld jedoch nicht davon abhält, dies für bare Münze zu nehmen. Ferner stürzen sich Männer auch auf die Aufgaben, von denen sie eigentlich bei Anstrengung all ihrer geistigen Kräfte annehmen müssten, dass sie sie nicht bewältigen können. Manchmal steht ihnen dann das Glück zur Seite. Daraus resultieren weitere wagemutige Unternehmungen in der Zukunft. Frauen bringen sich selbst häufig erst gar nicht in die Situation, in der sie Gefahr laufen zu versagen. Im Gegenteil, sie sind eher so zurückhaltend in der Einschätzung ihrer persönlichen Fähigkeiten, dass sie Positionen, für die sie aufgrund ihrer Qualifikationen durchaus in Frage kämen, ablehnen.

Neben diesen Grund tritt natürlich auch die Tatsache, dass bis heute die Gesellschaft eher der Frau die Last, Kinder zu erziehen und die Familie im Innenverhältnis zu organisieren, aufbürdet als den Männern. Hier spielt die auch heute noch geringe (wenn auch im Wachsen begriffene) soziale Akzeptanz eine Rolle, die Männern entgegen gebracht wird, die sich zu Hause um die Familie kümmern, statt im Berufsleben „ihren Mann" zu stehen.

4.3.5. Sekretariate

Bei der kritischen Betrachtung von Männerdomänen stehen auch die Frauendomänen zur Diskussion. Eine davon ist das Sekretariat. Bei Lufthansa beträgt der Anteil von Männern hier weniger als ein Prozent. Woran liegt das? Daran, dass diese verantwortungsvolle Aufgabe nicht hoch vergütet ist? An der eher zuarbeitenden Tätigkeit? Daran, dass dieser Beruf für Männer nicht unmittelbar ins Blickfeld rückt? Vielleicht von allem ein wenig. Vielleicht aber auch an der Bewertung durch die Umwelt. „Ein Mann als Sekretär(-in) – eher komisch".

4.3.6. Kabinenpersonal

Auch bei den Stewardessen/Stewards nehmen die Männer die Rolle der Minderheit ein, auch, wenn ihr Anteil bei ca. 20 Prozent liegt. Ursachen dafür mögen – ähnlich wie bei den Sekretären – in der Natur der Arbeit liegen. Dienen wurde bisher naturgemäß eher Frauen als Männern zugeordnet. Bei dem Dienstleistungsberuf des Kabinenpersonals geht es darüber hinaus darum, dass gegenüber (fremden) Menschen eine Dienstleistung erbracht wird. Der diese Leistung Erbringende tritt dem gegenüber eher in den Hintergrund. Von ihm wird jedoch das vollkommene Eingehen auf Kundenwünsche erwartet. Eigeninteressen haben zurückzutreten. Männern fällt das (noch) überwiegend schwerer als Frauen.

4.3.7. Stationspersonal

Beim Stationspersonal liegt der Anteil der Männer bei ca. 30 Prozent. Auch hier steht die Dienstleistung im Zentrum der Aktivitäten, weshalb sich Männer nur in geringerem Umfang dazu bereit erklären. Auffallend ist, dass sie selten länger in Einstiegsbeschäftigungen verweilen, sondern schnell nach Aufstiegsmöglichkeiten Ausschau halten.

4.4.   Lösungen zur Vereinbarkeitsproblematik

Die Frage nach einer optimalen Vereinbarkeit von Privatleben und Beruf lässt sich auf zweierlei Weise beantworten: Idealiter würde innerhalb einer Partnerschaft ein Konsens erzielt werden, der jedem Teil das gibt, was er braucht: dem Kind die erforderliche Zuwendung und Sorge, den Partnern jeweils den Freiraum, der zur Berufsausübung benötigt wird. Fehlt es jedoch daran, müssen von anderer Seite Rahmenbedingungen geschaffen werden, damit ein berufliches Engagement realisiert werden kann. Diese können einmal darin bestehen, dass die Betriebe sowohl auf die persönlichen Wünsche in puncto Arbeitszeitmanagement[62] als auch auf diejenigen bezüglich betrieblich geförderter Kinderbetreuung eingehen, zum anderen darin, dass staatlicherseits entsprechende Vorkehrungen getroffen werden, die häusliche oder betriebliche Kraftanstrengungen obsolet machen.

Gewiss, hierin kann die Verlagerung eines Teils der Verantwortung nach draußen gesehen werden. Da jedoch aus einem „Ausnutzen" von Qualifikation durch Betriebs- und Volkswirtschaft ein Zugewinn für die Allgemeinheit entsteht, liegt hier kein kritisierbares Verhalten vor. Im Gegenteil: gut ausgebildete Arbeitskräfte sollten – zumal in der gegenwärtigen Situation – eher animiert werden, ihre Fähigkeiten in den Dienst der Allgemeinheit zu stellen, als sie mit dem Vorwurf zu konfrontieren, ihre Pflichten durch Dritte auf Kosten anderer erfüllen zu lassen. Zu diesen Pflichten zählt nicht nur die Sorge um Kinder. Immer häufiger werden hilfebedürftige Eltern oder Schwiegereltern - „elder care" - zum Auslöser für den Rückzug aus dem Erwerbsleben.

Lufthansa produziert in Deutschland an 34 Standorten und wird es wirtschaftlich kaum leisten könnten, überall zum Beispiel Kindergärten zu errichten[63]. Lufthansa hat deshalb 1993 einen Vertrag mit dem „Familienservice" geschlossen, um den Mitarbeiterinnen und Mitarbeitern deutschlandweit Beratungen zu den Möglichkeiten der Kinderbetreuung und dann Vermittlungen von Kinderbetreuung anzubieten. Lufthansa kommt dabei für die Vermittlungskosten – außer bei Au Pairs – auf. Die Mitarbeiterin oder der Mitarbeiter bezahlen die laufenden Betreuungskosten.

Seit vielen Jahren wird dennoch seitens der Mitarbeitervertretungen der Wunsch nach einem Betriebskindergarten geäußert. Die Überlegungen der Lufthansa-Geschäftsleitung

---

[62] Ausführlich beschrieben in Kapitel 6.2.1
[63] Unabhängig davon stellt sich die Frage, ob es zum „Kerngeschäft" eines Unternehmens gehört, für die politische Defizite geradezustehen.

zeigt Kompromissbereitschaft eher in Richtung auf eine „betriebsnahe Kinderbetreuungseinrichtung"[64]. Allerdings ist es schwer, an einem Flughafen – und das Projekt könnte aufgrund der Größe nur in Frankfurt umgesetzt werden – eine Betriebsgenehmigung für eine solche Einrichtung zu bekommen.

4.5. Vergütungsgleichheit

Von offiziellen politischen Stellen ist oft zu hören, dass die Bundesrepublik Deutschland weit davon entfernt sei, den Grundsatz „gleicher Lohn für gleiche Arbeit" zu erfüllen. Auf den ersten Blick ist diese Äußerung etwas befremdlich, da doch überwiegend davon ausgegangen werden kann, dass zumindest in den großen Unternehmen, in denen die Gewerkschaften auch ihren Einfluss geltend machen können, die Tarifverträge nicht zwischen männlichen und weiblichen Arbeitskräften unterscheiden. Am Beispiel Lufthansa lässt sich – zunächst – schlüssig darlegen, dass hier eine Benachteiligung von Frauen nicht gegeben ist.

Lufthansa ist ein Dienstleistungsunternehmen, in dem traditionell ein großer Anteil, nämlich 42 Prozent, Frauen arbeitet. In erster Linie natürlich in den kundennahen Positionen, als da sind Stewardessen und Check-in-Personal. Aber auch in der Verwaltung sind Frauen nicht unterrepräsentiert. Die bereits in der zweiten Hälfte der fünfziger Jahre mit der ÖTV und dann später während der sechziger Jahre mit der DAG abgeschlossenen Tarifverträge zeigten keine Unterschiede in der Bezahlung von Männern und Frauen bei gleicher Arbeit. Die von beiden Geschlechtern zu leistende Arbeit in den bestimmten Positionen war auch gleichwertig. Insofern ergab sich auch keine Gelegenheit, zu einer unterschiedlichen Bezahlung. Die Unterschiede ergaben sich lediglich aus den Anforderungen der Positionen, nicht jedoch daraus, ob Frauen oder Männer die Arbeit erledigen.

Nun ist der Tarifbereich relativ leicht durch den Betriebsrat aufgrund der Rechte, die ihm das Betriebsverfassungsgesetz gibt, zu kontrollieren. Die regelmäßige Vorlage der Lohn- und Gehaltslisten garantiert, dass eine Diskriminierung durch Verstoß gegen Artikel 3 des Grundgesetzes nicht geschehen kann. Etwas anders könnte die Situation im sogenannten außertariflichen Bereich sein. Hier befindet man sich bald in Positionen und Bandbreiten, die nicht mehr der Kontrolle der Betriebsverfassungsorgane unterliegen. Auch hier kann jedoch bestätigt werden, dass es geschlechtsspezifische Unterschiede in der Bezahlung innerhalb des außertariflichen Bereiches nicht gibt. Selbst bei den oberen Führungskräften kann dies nicht festgestellt werden. Interessant ist diese Aussage deshalb, weil in diesem Bereich Gehälter häufig auch Ergebnisse von Verhandlungen sind. Sollten Frauen in Führungspositionen in der Tat schlechter bezahlt werden als Männer, würde sich natürlich die Frage nach dem Verhandlungsgeschick und damit auch – wenn auch etwas an den Haaren herbeigezogen – nach der Führungsfähigkeit der entsprechenden weiblichen Arbeitskraft stellen.

---

[64] Hierbei gibt es die Drittelfinanzierung: ein Drittel durch die Unternehmen, ein Drittel durch die öffentliche Hand, ein Drittel durch die Eltern

Nach dem vorstehend Gesagten scheint somit eine Gleichbehandlung von Männern und Frauen im Bezug auf die Vergütung gegeben zu sein. Bei genauerem Hinsehen ergibt sich jedoch ein kleiner Unterschied bei den aktuellen Vergütungen und bei der Bewertung von Arbeit. Sofern Vergütungstarifverträge Gehaltssteigerungen vorsehen, die sich lediglich am Zeitablauf, nicht jedoch an Leistungen oder Tarifvertragsabschlüssen orientieren, kann sich durch längere „Auszeiten" (Mutterschutzfristen, Elternurlaub, betrieblicher Sonderurlaub, usw.) die Situation ergeben, dass Frauen vergütungsmäßig in dieser freigestellten Zeit eben nicht weiterentwickelt werden. Die Gegenposition, nämlich Abwesende in der Vergütung anzuheben, erscheint ebenfalls kaum vertretbar. Zu beachten ist dabei auch, dass der selbe Nachteil, nämlich nicht Weiterentwicklung der Vergütung bei längerer Abwesenheit, auch Männer treffen kann. Insoweit kann hier, obwohl sicherlich überwiegend Frauen betroffen sind, nicht von einer Benachteiligung der Frauen gesprochen werden.

Anders liegt der Fall bei der Bewertung von Arbeit allgemein. Soziale Berufe, die überwiegend von Frauen wahrgenommen werden, erfahren tarifpolitisch eine andere Würdigung als die klassischen Männerberufe. Als Beispiel seien 2 Berufe mit gleicher Ausbildungzeit genannt, die nach Ausbildungsende erhebliche Unterschiede erfahren: Friseur/-in und Automechaniker/-in. Vielleicht wird hier exemplarisch deutlich, dass Berufe, die sich im weitesten Sinne der Fürsorge, der Dienstleistung oder dem „Sich-Kümmern" widmen, in der Bewertung durch ihre Umgebung eher nachrangig hinter denen angesiedelt werden, die etwas Materielles produzieren, also z.B. ein Auto reparieren. Allerdings sind hier die Tarifparteien gefragt, dem entgegenzuwirken, und nicht die Unternehmen.

Erst wenn der Wandlungsprozess in der Gesellschaft weiter fortgeschritten ist, wenn einem Mann, der sich um die Erziehung seiner Kinder kümmert, die selbe Hochachtung zuteil wird, als wenn er ein Werk leiten würde, dann wird dieser Art von – wie selbstverständlich hingenommener – Diskriminierung ein Ende bereitet werden können.

Ein weiterer wichtiger Punkt in diesem Zusammenhang ist – und darüber wird an anderer Stelle in diesem Buch ebenfalls nachgedacht werden – die Schaffung von geeigneten Einrichtungen, die es ermöglichen, frei von der täglichen Sorge um das Kind einer Erwerbstätigkeit nachzugehen. Angesichts der Untätigkeit des Staates, der zur Einrichtung von Kindergärten Kraft Gesetzes verpflichtet ist, sind inzwischen viele Unternehmen dazu übergegangen, diese vom Staat nicht erledigte Aufgabe in eigener Regie zu übernehmen oder zumindest zu flankieren. Aus Sicht des Staates sicherlich ein bequemes Verhalten. Aus Sicht der Unternehmen zwar eine Notwendigkeit, um auch Personen an den Betrieb binden zu können, die im Familienzusammenhang zusätzliche Aufgaben haben, anderseits aber auch ein erheblicher Kostenfaktor und zusätzlicher organisatorischer Aufwand. Es ist eigentlich unverständlich, dass die vergleichsweise geringen Mittel, die aufgebracht werden müssen, um eine flächendeckende Versorgung von Kindern sicherzustellen, nicht aufgebracht werden. Der volkswirtschaftliche Schaden, der daraus entsteht, dass gut ausgebildete und fähige Arbeitskräfte dem Arbeitsmarkt zumindest vorübergehend ferngehalten werden, ist ungleich größer, als die Aufwendungen, die dafür getätigt werden müssten, um diese unerfreuliche Situation zu vermeiden. Es kann schlechterdings nicht sein, dass Unternehmen in diese Bresche springen und sich mit zusätzlichen Kosten belasten; indessen sie haben zur Zeit keine andere Wahl ..... !

In diesem Kontext sei ausdrücklich darauf hingewiesen, dass es nicht mit der Bereitstellung von Kindergartenplätzen in genügend großer Anzahl getan ist. Erstens ist damit noch keine Aussage über die tägliche Betreuungsdauer getroffen, zweitens fallen hier die Kinder unter drei Jahren durch den Raster. Gerade für diese Altersgruppe ist ein Betreuungsangebot deshalb von großer Relevanz, weil gerade innerhalb der ersten drei Jahre bei Frauen die Resignation im Hinblick auf ihre berufliche Existenz einsetzt oder nicht. Das Wissen verfällt heute in immer kürzeren Zeiträumen, so dass erst recht hoch Qualifizierte keine Auszeit von mehreren Jahren nehmen können, ohne zu dequalifizieren. Will die Volkswirtschaft nicht fehlinvestiert haben, so sollte sie dafür sorgen, dass zumindest die, die es wünschen, Anschluss behalten. Wählt jedoch eine Frau die Rolle als Familienfrau und gibt dafür ihr Berufsleben auf, so ist auch dies eine zu respektierende Entscheidung.

Auch für Kinder im Schulalter ist weder Garantieunterricht gegeben noch eine Betreuung am Nachmittag. Diese Lücken gilt es ebenfalls zu schließen.

4.6. Rollenbilder

Bei der Suche nach der Ursache für das Rollenverhalten von Frauen und Männern landet man schnell in der Sozialisation, möchte man nicht alle Facetten menschlichen Handelns der Biologie überantworten. Sozialisation ist dabei der Prozess, aus Neugeborenen handlungsfähige Subjekte der Gesellschaft zu machen. Diese zeitlich arg verkürzte Beschreibung klärt noch nicht das Wie. Es gibt offene und heimliche Erzieher. Die offenen wie Eltern, Lehrer, Freunde, Bücher und andere sind bekannt. Zu den heimlichen gehören neben der Werbung auch Märchen, die als Übermittler von Rollen die klassische Aufteilung perpetuieren.[65] Natürlich hängt das Rollenlernen auch vom Rollenverhalten der Eltern ab, was im Rahmen dieser Ausführungen nicht erneut aufgegriffen werden soll, da das Wissen darum fast schon Allgemeingut ist.

Ein Buch, das sich mit Chancengleichheit befasst, hat erstaunlicherweise immer und in erster Linie die Frauen im Fokus. „Chancengleichheit" indiziert jedoch, dass beide Geschlechter die gleichen Chancen im Berufsleben und umgekehrt in der Familienarbeit haben sollen. Die Konzentration auf das weibliche Geschlecht macht glauben, dass die Männer ohnehin schon alle (und die besseren) Chancen hätten. Wie in Kapitel 6 ausgeführt wird, ist dies eigentlich nicht der Fall.

Betrachtet man einmal die realistischen Wahlmöglichkeiten, die Männern und Frauen zur Verfügung stehen, ergibt sich doch das Bild, dass Frauen wählen können zwischen

---

[65] Besonders Grimms und Andersens Märchen weisen eine Fülle von anachronistischen Beispielen für diese These auf.

Familie, Beruf und Familie und Beruf, also ihnen drei Wahlmöglichkeiten zur Verfügung stehen. Wie bereits dargelegt, ist die Alternative „Familie" für Männer keine echte Option. Ihnen bleibt bestenfalls die Möglichkeit zwischen Beruf und Familie und Beruf. Wir sind einfach noch nicht soweit im gesellschaftlichen Kontext, dass ein Mann, der sich um seine Familie kümmert, das gleiche Sozialprestige hat, wie ein Karrierist in der Industrie oder ein Geschäftsführer einer kleineren Familien-GmbH.

Inwieweit die traditionelle Rolle der Frau als Dauerfamilienfrau zukunftsträchtig ist, darf angesichts der Scheidungsraten in Deutschland in Frage gestellt werden. Mehr als 30 Prozent (50 Prozent in den Ballungsgebieten) aller Ehen landen vor dem Scheidungsrichter, was meist einem wirtschaftlichen Beinahebankrott für beide Parteien bedeutet. Deshalb motivieren immer mehr Mütter ihre Töchter, wirtschaftlich von ihrem Partner unabhängig zu bleiben und eine eigene Altersversorgung aufzubauen.

Im Kontext mit männlichen und weiblichen Rollen taucht auch das Thema „Macht" auf. Nicht nur scheuen Frauen dieses Wort wie der Teufel das Weihwasser, auch Männer benutzen oftmals lieber „Einfluss", um ihren eigenen Wirkungsgrad dezent zu umschreiben. Auch das Thema Macht ist so neu nicht, viele Veröffentlichungen geben davon Zeugnis ab. Barbara Schaeffer-Hegel[66] hat dazu die Notwendigkeit der Strategie der Unterwanderung und die Bildung eigener Machtzentren formuliert. Beide Strategien stünden im Widerspruch zur weiblichen Sozialisation, da es Frauen zum Beispiel nicht leicht falle, Ehrgeiz zu haben und ihn auch noch offen zu zeigen, Ansprüche anzumelden, statt darauf zu warten, dass Angebote unterbreitet würden. Wichtig für sie sei in diesem Zusammenhang die Kooperation mit, aber auch die Konkurrenz zwischen Frauen.

Konkurrenz und Kooperation setzen Konfliktfähigkeit voraus, bei der es gravierende Unterschiede zwischen Männern und Frauen[67] gibt. Männer lernen den spielerischen Wettbewerb untereinander bereits im zarten Knabenalter[68]. Damit verliert er den Ernst, den er bei den auf Konfliktvermeidung gepolten Frauen besitzt. Sie haben in sehr jungen Jahren gelernt, Konflikte zu vermeiden und dort moderierend einzugreifen, wo welche auftauchen. Wenn dann für eine Frau im Erwachsenenalter ein unvermeidbarer Konflikt auftaucht und sie in der Zwischenzeit nicht gelernt hat, damit spielerisch umzugehen, dann wird sie zunächst versuchen, ihm aus dem Weg zu gehen. Erst, wenn der Konflikt unvermeidbar wird, nehmen Frauen ihn an. Allerdings führen sie dann oft einen Vernichtungskampf, was zum Teil daran liegt, dass der Konflikt für sie meist auf der Beziehungs- und nicht auf der Sachebene wahrgenommen[69] wird. Hier besteht ein großer Lernbedarf bei vielen Frauen, die sich in der Kunst der Agonistik noch nicht genügend verstehen.

---

[66] Frauen und Macht heute – Gerechtigkeit für die Generation von morgen, in: Peters/Bensel (Hrsg.), Frauen und Männer im Management
[67] Der Einfachheit halber sei die Trennung hier durch die Geschlechterdemarkationslinie gestattet. Sicherlich gibt es eine Schnittmenge von männlichen Frauen und weiblichen Männern.
[68] Womit jedoch nicht verkannt werden soll, dass auch Männer einander erheblichen Schaden zufügen können.
[69] S. dazu Simone Pöhlmann, Zwischen Konflikt und Konsens, Streiten lernen für innovative Management-, Strategien, in: Peters/Bensel (Hrsg.), Frauen und Männer im Management

4.7. Ängste von Männern

Die eingeschränkte Wahlmöglichkeit in Bezug auf Beruf und Familie ist nicht der einzige Nachteil, mit dem Männer sich auseinander zu setzen haben. Sie haben ein weiteres Problem, das sie gegenüber den Frauen benachteiligt. Frauen dürfen ängstlich sein, Männer müssen mutig erscheinen. Der ängstliche Mann ist sozusagen eine „contradictio in adjecto", „es kann einfach nicht sein". Nun weiß man aus der Psychologie, dass Verdrängungsprozesse nur selten den gewünschten Erfolg zeitigen. Manchmal geschieht das Gegenteil vom Gewünschten: Die verdrängten Probleme werden zu regelrechten psychosomatischen Krankheitsbildern, mit anderen Worten: Angst kann durch Verdrängung Krankheiten auslösen. Mann darf keine Angst zeigen, er hat aber welche. Aus diesem Dilemma rettet er sich (vermeintlich) durch Verdrängung. Nie würde er öffentlich zugeben, dass er – etwa im Berufsleben – mit Ängsten zu kämpfen hat. Dieses Thema ist von Ehmann[70] intensiv erläutert worden.

Es soll im Folgenden nicht auf die wirklichen Existenzängste, verursacht zum Beispiel durch Krankheit und Tod eingegangen werden, aber auch ohne diese ist der „Angstkatalog" der Männer groß genug. Hier seien an erster Stelle die Ängste, die sich aus Broterwerb, Beruf und Finanzierung des (gemeinsamen) Lebensunterhaltes ergeben, genannt. Diese Ängste sind schon sehr massiv. Man denke an einen jungen Familienvater, der z.B. noch ein Examen zu bestehen hat oder der sich einem Eignungstest für ein Fortkommen im Beruf unterzieht. Oder der aufgrund eines gestörten Verhältnisses zu seinem Vorgesetzten befürchten muss, aus dem Unternehmen entlassen zu werden. Dem mindestens ebenbürtig sind die Ängste von Selbständigen, die Tag für Tag um ihre Kunden und den Erfolg ihres Unternehmens ringen müssen. Forschungen zum Suchtverhalten von Männern haben ergeben, dass diese Ängste teilweise als so bedrückend empfunden werden, dass die Flucht in irgend eine Droge (meist Alkohol) als einziger Weg erscheint, sich von dem Druck wenigstens kurzfristig Befreiung zu verschaffen. Es soll nicht bestritten werden, dass ähnlich massive Ängste z.B. bei alleinerziehenden Müttern auftauchen können. Während sich die zuletzt genannte Gruppe jedoch des Mitgefühls und der Beihilfe ihrer Umgebung sicher sein kann, wird der Mann, der den gewünschten und notwendigen Erfolg nicht erzielt, eher als Versager abgestempelt, dem bestenfalls Mitleid gebührt, dem jedoch konkrete Hilfe nicht zuteil wird. Insofern ist die Qualität bzw. die Intensität von Angst je nach Geschlecht sicherlich unterschiedlich.

Die Männer versuchen doch häufig, durch die Errichtung von Schutzwällen, „nur nichts an mich herankommen lassen", keine Gefühle zu zeigen bzw. hochkommende Gefühle zu unterdrücken. Sie verschreiben sich vordergründig einer rationalen Prägung der Arbeit und verkennen dabei, dass Leben ohne Gefühle nun einmal nicht stattfindet. Sie verkennen dabei auch, dass offen akzeptierte Empfindungen und Gefühle eher eine Bereicherung im mitmenschlichen Kontext darstellen, als dass sie Schwäche signalisierten. Die Entfernung von der reinen Ratio geht einher mit einer Bindung zur Menschlichkeit im wahrsten Sinne des Wortes, das heißt, das – auch unvollkommene –

---

[70] Hermann Ehmann, Männerängste, Wovor Männer sich wirklich fürchten

Menschsein wird nicht geleugnet, sondern angenommen. Dies führt dann langfristig eher zu einer Bereicherung, denn zu einer Kritik an dem vermeintlich Schwachen.

Dem gegenüber stehen allerdings die Erfahrungen der meisten Männer im Berufsleben. Je erfolgreicher sie sind, je höher sie steigen, um so mehr gelangen sie in die Isolierung und um so mehr geraten sie aus der Geborgenheit eines kollegialen, schützenden Verhältnisses in die Ungeborgenheit. Da sie, je weiter nach oben sie kommen, immer unfehlbarer zu sein haben, ihnen ihre Machtfülle auch die Möglichkeit gibt, unliebsame Kritiker abzustrafen, werden sie mit der Zeit auch beratungsresistent. Das wiederum ist oft die Grundlage für Fehlentscheidungen. Vor diesen haben sie Angst, ohne jedoch das Problem an der Wurzel anzugreifen. Stattdessen wird professionell verdrängt und „professionell verdrängen ist wie Selbstmord auf Raten"[71]. Das Vorstehende ist keineswegs eine vollständige Aufzählung der Männerängste. Es ist hier indessen nicht der Ort, auch Ängste, die mit dem Erwerbsleben nicht direkt oder wenigstens indirekt zu tun haben, zu behandeln.

Weitere, im Umgang mit Frauen auftretende „Unbehaglichkeiten", die eher geschlechtsspezifischen Stress bei Männern auslösen, sind nach Assig/Beck[72]: von einer Frau bei der Arbeit ausgebootet zu werden; wenn der Boss eine Frau ist; einer Frau die Kontrolle über eine Situation zu überlassen; wenn die Ehefrau mehr Geld verdient; wenn die Partnerin erfolgreicher ist; in einem Spiel gegen eine Frau verlieren; wenn die Partnerin größer ist und andere.

4.8. Fazit

Unabhängig von der Begründung für eine chancengleiche Personalpolitik gibt es aus den drei Dekaden Anstrengungen eine Reihe von Etappensiegen für Lufthansa. Diese sind sicherlich nicht hinreichend, um die Aufgabe als erledigt zu betrachten – weder innerhalb des Unternehmens, noch im Hinblick auf den Zustand der Gesellschaft.

Die gemachten Erfahrungen zeigen vielmehr, dass sich die Aufgabe, Chancengleichheit im weitesten Sinne zu schaffen, täglich neu stellt. Für ihre Realisierung muss ständig geworben werden. Menschliche und finanzielle Ressourcen bedürfen ihrer immerwährenden Erneuerung. Chancengleichheit – ein Selbstverständnis? Der Weg dorthin ist noch lang.

---

[71] Ehmann, ebd.
[72] Frauen revolutionieren die Arbeitswelt

5. Wege zur Chancengleichheit – fünf Annäherungen

Wenn sich ein Unternehmen mit dem Gedanken trägt, sich dieses Themas anzunehmen, wird es unter den verschiedenen Möglichkeiten den Weg wählen, der für die eigene aktuelle Situation den meisten Erfolg verspricht. Entscheidend dabei ist auch die Kultur des Unternehmens bzw. von wo oder vom wem (s.a. Kapitel 3) die Impulse ausgehen. Den Königsweg gibt es nicht.

5.1. Gender Mainstreaming

Über die europäische Harmonisierung der Standards betreffend die Arbeitsbeziehungen für Frauen und Männer in den EU-Mitgliedsstaaten gibt es den „Gender Mainstreaming"-Ansatz. Seine juristische Begründung findet er im EG-Vertrag in Artikel 3 Absatz 2 der konsolidierten Fassung von 1999[73]. Inhaltlich handelt es sich um die Integration von Chancengleichheit zwischen den Geschlechtern in alle Politik- oder Arbeitsprozesse. Bisher wird in der Personalpolitik oft so verfahren, dass die oder der Beauftragte für dieses Thema fast exklusiv verantwortlich ist. D.h., es werden die Teilprobleme nicht dort gelöst, wo sie anfallen, sondern sie werden an den/die „Zuständige/n" delegiert. Damit glaubt sich das Unternehmen oder die Organisation aus der Verantwortung für die Problemlösung herausstehlen zu können. Gender Mainstreaming fordert, dass die Frage, welche Wirkung ein Vorgehen, eine Maßnahme auf Frauen oder Männer haben könnte, direkt vor Ort und nicht losgelöst angegangen wird. Gender Mainstreaming heißt auch, dass das Thema Chancengleichheit in alle betrieblichen Prozesse integriert werden muss.

Überlegt man sich zum Beispiel bereits bei der Aufstellung eines neuen Marketingplans, welche Wirkung er auf Männer oder Frauen haben könnte, braucht nicht erst im Nachgang eine „Qualitätskontrolle" stattzufinden. In der Produktion ist dieser Ansatz der integrierten Qualitätskontrolle unmittelbar durch die Produzenten, statt durch eine nachgelagerte Endqualitätskontrolle längst gängige Praxis – Kaizen, TQM etc. Da bei vielen – vor allem technischen – Produkten Forschung und Entwicklung zumeist fest in männlicher Hand liegen, diese jedoch nicht nur Maschinen ausschließlich für den männlichen Markt produzieren, kann eine reine Technikverliebtheit dazu führen, am Markt vorbei zu produzieren. Ein Beispiel dafür ist die Entwicklung eines Toasters vor vielen Jahren, bei dem der Ein-/Aus-Schalter umständlich an der Hinterseite angebracht war, wodurch deutlich wurde, dass die Entwickler ganz offensichtlich Toaster benutzen lassen, d.h., nie selbst damit umgehen. Viele Unternehmen haben deshalb Frauen und andere Zielgruppen in den F & E-Prozess einbezogen, zum Teil fest im Team und entwickeln dadurch marktgerechtere Produkte. Neuerdings hat auch der Automobilmarkt entdeckt, dass die Bedürfnisse von Frauen anders gelagert sind – nicht nur im Hinblick

---

[73] „Amsterdamer Vertrag"

auf Größe! – als die der Männer. Gedanke ist also dabei, nicht durch „try and error" zu ergründen, worin die Wünsche des vielfältigen Marktes liegen, sondern diesen „ins Haus" zu holen, damit teure Fehler vermieden werden können. Um nichts anderes handelt es sich im übertragenen Sinn bei Gender Mainstreaming. Frauen werden hier nicht als Abweichung von der Norm „Mann" verstanden, sondern als Menschen mit anderen Wünschen und Bedürfnissen. Die Arbeitswelt verändert sich durch den aktiven Einbezug aller oder durch eine kritische Masse, die allerdings eine Mindestgröße von 20 Prozent haben muss.

Bei einem Benchmarking mit Unternehmen[74], die sich bereits um eine chancengleiche Personalpolitik bemühen, kann man studieren, inwieweit Gender Mainstreaming realisiert ist, bzw. eine Umsetzungschance hat. Wenn ein Großunternehmen mit vielen tausend Arbeitsplätzen nur einen Menschen mit der Aufgabe, Chancengleichheit herzustellen, betraut hat, so ist die Wahrscheinlichkeit groß, dass dieser aus Zeitmangel einen Großteil der Verantwortung und des Handelns an die Organisation und deren Führungskräfte zurückdelegieren wird. Ein anderer Konzern zum Beispiel, der demgegenüber beispielsweise dreißig Frauenbeauftragte beschäftigt, wird möglicherweise kaum erleben, dass Verantwortung dafür auch von den Fachabteilungen übernommen wird. Zwar sind beide Wege nicht optimal, die stärkere, wenn auch aus Personalknappheit geborene Einbindung des gesamten Managements und der Mitbestimmungsorgane (Alternative 1) erscheint da noch die bessere Lösung. Wie so häufig liegt wohl auch hier der beste Weg in der Mitte, das heißt, eine ausreichende personelle Ausstattung der organisatorischen Einheit, die sich mit dem Thema „Chancengleichheit" im weitesten Sinne befasst, gleichzeitig aber auch bereit und in der Lage ist (durch entsprechenden Support aus der Unternehmensspitze) das gesamte Management einzubinden.

5.2. Diversity

„Diversity" lässt sich am ehesten mit „Vielfalt" übersetzen. Vielfalt bezieht sich auf die Heterogenität sowohl der Mitarbeiter und Mitarbeiterinnen eines Unternehmens wie auch seiner Kunden. Auch dieses Thema ist aus den USA nach Europa gekommen. Vorreiter in Deutschland waren einige wenige Unternehmen, die ihren Hauptsitz in den USA gewählt oder mit amerikanischen Firmen fusioniert haben. Zu nennen wären zum Beispiel Ford, Hewlett Packard und andere einerseits und Deutsche Bank sowie DaimlerChrysler andererseits. Einige Unternehmen praktizieren jedoch unverändert die reduzierte Variante der chancengleichen Personalpolitik, in dem sie lediglich den Fokus auf Gleichstellung der Geschlechter wählen. Dabei gerät die Aufmerksamkeit für andere Vielfaltskriterien zu kurz.

---

[74] Zum Beispiel innerhalb des „Forum Frauen in der Wirtschaft", dem neben der Lufthansa Aventis, Bayer, Bosch, Commerzbank, DaimlerChrysler, Deutsche Bahn, Deutsche Bank, Deutsche Telekom, Fraport, LSG Skychefs, Merck, Philips, Schering, Axel Springer Verlag, VW und Volkswagen Bank angehören

Die amerikanische Fachliteratur[75] unterscheidet Primär- und Sekundärkriterien, die je nach Perspektive variieren können. Zu den Hauptaspekten aus deutscher Sicht für pro-aktives personalpolitisches Handeln zählen neben dem Geschlecht Alter, Behinderung und Herkunft – national oder ethnisch. Aus amerikanischer Perspektive – wegen des „anti discrimination act" und des „affirmative action program" gehört die sexuelle Orientierung zusätzlich zu den Primärkriterien.

Auch wenn in Deutschland inzwischen Homosexualität als gleichberechtigte Lebensform akzeptiert wird, so haben personalpolitische Konzepte, die eigens für diese Mitarbeitergruppe erstellt werden, nicht höchste Priorität. Sexuelle Orientierung ist (aufgrund der historischen Situation) in Deutschland eine reine Privatangelegenheit und darf vom Unternehmen nicht erfragt werden, weswegen auch eine zielgruppenspezifische Personalpolitik nicht realisiert werden kann. Hier wird eher eingeschritten, wenn Diskriminierungsmechanismen erkennbar werden. Es ist allerdings richtig, dass unter Marketingaspekten, insbesondere, wenn Unternehmen ein Zielkundenmarketing betreiben, auch diese Kundengruppe wegen ihrer wirtschaftlichen Bedeutung in den Fokus rücken kann.

Bevor die verschiedenen Hauptgruppen detaillierter betrachtet werden sollen, seien kurz einige der sogenannten „Sekundärkriterien" aufgeführt: persönliche Erfahrungen, Ausbildung, soziale Herkunft, Kommunikationsstil, Familienstatus, militärische Erfahrung, Position im Unternehmen, geografischer Ort, Einkommen, Arbeitsstil und eben – in Deutschland – sexuelle Orientierung.

Bei den personalpolitisch etwas geringer priorisierten Sekundärmerkmalen wird ein Unternehmen spätestens dann eingreifen müssen, wenn es zu Benachteiligungen kommt. Konzepte zur besseren Integration verschiedener Mitarbeitergruppen liegen – aus Ressourcengründen – bei den Primärmerkmalen näher. Dieses Buch befasst sich mit personalpolitischen Fragen, die aus der Unterschiedlichkeit der Geschlechter resultieren. Dass die Erhöhung des Frauenanteils in den sogenannten „Männerdomänen" – und dann auch umgekehrt der der Männer in den „Frauendomänen" – Ziel derjenigen Unternehmen ist, die sich bereits aktiv um Chancengleichheit bemühen, wird in Kapitel 6 eingehender beleuchtet.

Hinsichtlich des Faktors Lebensalter empfiehlt sich ein personalpolitischer Akzent aus Gründen der demografischen Entwicklung. Bei einer Geburtenrate von 1,3 Kindern je Frau in Deutschland[76] ist die Überalterung der Gesellschaft und damit auch die der Belegschaften in Unternehmen unausweichlich. Hinzu kommt, dass das Durchschnittsalter der Mütter bei der Geburt des ersten Kindes auf 30,1 Jahre angestiegen ist, was die Populationsfolge verringert.

---

[75] Marilyn Loden, „Implementing Diversity"
[76] Zum Vergleich: Niederlande: 1,5; Frankreich: 1,71; Dänemark und Großbritannien: 1,72; Finnland: 1,73), Quelle: Statistisches Bundesamt, Stand: Juni 2001

Der Abbildung 2[77] ist zu entnehmen, welche Zuwanderung oder welchen Nachwuchs wir in den nächsten Jahren haben müssen, um die Bevölkerungszahl oder die der arbeitenden Bevölkerung stabil zu halten. Dabei liegt die Annahme zugrunde, dass die fortschreitende Automatisierung nicht den Bedarf an Arbeitskräften reduziert, da der Wandel von der Industriegesellschaft zur Informations-, Wissens- und Dienstleistungsgesellschaft, also der Tertiärisierung der Arbeit, nur die Art der Arbeit, nicht aber die Zahl der erwerbstätigen Menschen wesentlich reduziert.

Rekrutierungsnotstand – **Demographieprojektion** **Deutschland 1995/2050**		Deutschland 1995: Bevölkerung: 81,7 Mio Personen im erwerbsfähigen Alter (15-64): 55,8 Mio. Altersquotient: 4,4 : 1			
Politikziel:	**Keine Zu-** **Wanderung**	**Mäßige** **Zuwanderung**	**Stabile** **Bevölkerung**	**Stabile** **Erwerbs-** **fähigkeit**	**Stabiler** **Altersquotient**
Nettozuwan- derung p.a. 1995- 2050	keine	200.000 bis 240.000	324.000	458.000	3.400.000
Bevölkerung im Jahr 2050; Zu-,Ab- nahme gg. 1995	58,8 Mio -28%	73,3 Mio -10%	81,7 Mio. keine	92 Mio. +13%	299 Mio. +26,6%
Altersquotient 2050	1,8	2,1	2,3	2,4	4,4

Abb. 2: Demographieprojektion Deutschland 1995/2050

Das heißt für die Unternehmen nicht nur, dass der Kampf um die Talente härter wird, sondern dass das vorhandene Personal ans Unternehmen gebunden werden sollte[78] und dass Personalentwicklung nicht mit Erreichen einer bestimmten Altersgrenze aufhören kann. Es ist volks- und betriebswirtschaftlich nicht länger zu verantworten, Menschen zwischen 55 und 60 Jahren aus den Unternehmen zu drängen. Dies nicht nur angesichts der Leistungstransfers, die dann aus anderen Quellen zu erfolgen haben, sondern auch aus Gründen des Know how-Verlustes und des Mangels an qualifizierten Fach- und Führungskräften. Unternehmen sind hier in der Pflicht, Konzepte zu entwickeln, die dem erhöhten Ruhebedürfnis, beziehungsweise der möglicherweise reduzierteren Leistungsfähigkeit und Belastbarkeit älterer Mitarbeiter und Mitarbeiterinnen entsprechen, gleichzeitig jedoch deren Erfahrung und das Wissen für das Unternehmen erhalten. Umgekehrt bedeutet dies für die betroffenen Menschen, „lebenslanges Lernen" wirklich ernst zu nehmen und nicht bereits mit Beginn der sechsten Lebensdekade (oder gar früher) mit der Lern- und Veränderungsbereitschaft abzuschließen. Und am Ende profitieren beide Seiten!

---

[77] Quelle: Der Spiegel 43/2000 (nach UNO-Studie)
[78] siehe dazu Kapitel 2. „Retention"

Menschen mit Behinderungen haben es besonders schwer am Arbeitsmarkt. Zwar sind mit dem neuen Schwerbehindertengesetz (gültig seit 1.10. 2000) die Ausgleichszahlungen, die anfallen, wenn die Beschäftigungsquote nicht erreicht wird, erheblich angehoben worden[79] – bei gleichzeitiger Absenkung der Sollquote von sechs auf fünf Prozent[80] – doch mangelt es den meisten Unternehmen an der Integrationsbereitschaft für behinderte Menschen. Dies gilt in verstärktem Maße bei Neueinstellungen.

Selbst für hoch qualifizierte Behinderte, die vom externen Markt in ein Unternehmen eintreten möchten, sind die Hürden hoch. Hier mangelt es oft an Erfahrung und Sicherheit im Umgang mit Behinderten, falls die Behinderung überhaupt wahrnehmbar ist. Lösbar, zumindest teilweise, ist dieses Problem durch Schaffung eines besseren Verständnisses für diese Menschen. Ein Mentoring für Schwerbehinderte zum Beispiel kann hier schon auf Verhaltensänderung beider Seiten hinwirken und die Akzeptanz erhöhen, ein Schritt in Richtung auf Normalisierung. Das wirksamste Lernen erfolgt zumeist in der Praxis, im täglichen Miteinander. (s. dazu Kapitel 6)

Bei Leistungsveränderten jedoch oder solchen Menschen, die im Arbeitsprozess zu Schwerbehinderten wurden, sind die meisten Unternehmen bereit, nach Möglichkeit einen anderen Arbeitsplatz zu finden.

Im Hinblick auf den Aspekt „Herkunft" sind die meisten deutschen Unternehmen – sogar die „global players" – wenig international. Dies gilt in verstärktem Maße bei Führungskräften. Selbst ein Unternehmen wie Lufthansa, das eigentlich ein Synonym für den Im- und Export von Internationalität ist, hat zwar Mitarbeiter und Mitarbeiterinnen aus 150 Nationen, 15 Prozent Nichtdeutsche in Deutschland, ca. 25 Prozent Auslandsbeschäftigte, aber nur weniger als 1 Prozent Ausländer bei den oberen Führungskräften[81]. Homogene Teams produzieren aber oft nicht genügend heterogene Lösungen. Wenn alle Mitarbeiter und Mitarbeiterinnen in etwa gleich alt sind und dieselbe Ausbildung genossen haben, darf man sich über einen Mangel an Innovationen nicht wundern.

Die Märkte im Prinzip aller Unternehmen, also unabhängig davon, ob es Großunternehmen oder Klein- und mittelständische Unternehmen sind, sind potenziell global. Dies ermöglicht die Internet-Revolution. Das heißt jedoch, dass heterogene Märkte auch ein heterogenes Marketing benötigen. Dies wiederum ist umso erfolgversprechender, je vielfältiger die Menschen sind, die daran arbeiten. Zum Teil kann man der gewünschten Heterogenität durch hohe interkulturelle Kompetenz entsprechen. Aber es gibt keinen Menschen, der sich in allen Kulturen völlig fehlerfrei bewegen kann. Insofern kann die Breite der Kulturen nicht von einer Person allein repräsentiert werden.

---

[79] Bei einer Quote zwischen 3 und 5 Prozent liegt der monatliche Ausgleichsbetrag bei 350 DM, unterhalb von 3 Prozent bei 500 DM.

[80] Die Absenkung der Soll-Quote ist befristet bis zum 31.12.2001. Sollten bis dahin nicht 50.000 arbeitslose Schwerbehinderte einen Arbeitsplatz gefunden haben, erhöht sich die Quote wieder auf 6 Prozent.

[81] Zahlen vom 31.12.00

Gertraude Krell[82] weist in diesem Zusammenhang darauf hin, dass die bloße Existenz einer vielfältigen Belegschaft allein noch nicht hinreichend sei. Vielmehr müsse Diversity auch gemanagt werden. Es müssten Bedingungen geschaffen werden, unter denen alle Beschäftigten leisten können und wollen. Erst dadurch erschlössen sich die Produktivitätspotenziale.

Noch offen ist in diesem Kontext die Frage, welche Wirkung die Globalität auf die Nationalsprachen haben wird. Wie weit wird Englisch die Arbeitssprache werden? Oder werden alle Arbeitenden zweisprachig sein müssen? Eine Unternehmensberatung wirbt seit Jahren damit, dass ab 2007 die Sprache des Internets Chinesisch sein wird... Staatliche Gesetzgeber[83] müssen sich von der Vorstellung, mit Regulierungen die Wettbewerbsfähigkeit globaler Unternehmen einschränken zu können, allmählich verabschieden. Nationale volkswirtschaftliche Betrachtungen kommen an ihre Grenzen[84]. Warum sollten Nationalsprachen von einem Bedeutungswandel und damit von einem veränderten Gebrauchsrahmen (von umfassender Lebens- zu gesprochener oder gar nur Privatsprache) ausgenommen sein? Die Klärung dieser Frage würde den Rahmen dieser Ausführungen sprengen, ist jedoch von großer Bedeutung für die Wirtschaft und die an ihr beteiligten Menschen[85].

Unter „Herkunft" fallen auch Deutsche mit einer abweichenden Ethnie, also in Deutschland Geborene oder mit einem deutschen Pass ausgestattete Menschen, die offensichtlich von Eltern abstammen, die einer anderen Rasse (die Amerikaner sprechen hier völlig selbstverständlich von „race") angehören. Leider gibt es auch in Deutschland eine große Fremdenfeindlichkeit, die unter anderem dazu führt, dass der Ruf Deutschlands als Reiseland Schaden nimmt. Gerade ein Unternehmen wie Lufthansa, das von Internationalität lebt, muss sich an vorderster Front für Toleranz äußern. Dabei kann es nicht darum gehen, kurzfristig wirkende Kampagnen zu initiieren, vielmehr sind hier Wirksamkeit und Nachhaltigkeit zu fordern.

Einige Unternehmen betreiben „Frauenförderung", bezeichnen aber ihre Aktivitäten als „Diversity". Hier soll nicht die Frage nach der Legitimität solcher Verhüllungen gestellt werden. Es ist in mancher Unternehmenskultur besser, einen negativ belegten Begriff zu substituieren, insbesondere dann, wenn durch den Ersatzbegriff Innovation und modernes Personalmanagement signalisiert werden. Es gibt aber auch global tätige Unternehmen, bei denen Diversity je nach Staat unterschiedlich gehandhabt wird: Die

---

[82] in „Managing Diversity – Optionen für (mehr) Frauen in Führungspositionen", in Peters/Bensel (Hrsg.), Frauen und Männer im Management

[83] Zwar zeigen die massiven Demonstrationen bei den G8-Gipfeln, dass viele Menschen Angst vor den Folgen der Globalisierung haben und sich auf der Verliererseite wähnen. Dennoch ist es gewiss nicht die nationale Politik, die das Problem in den Griff bekommen wird. Hier erscheinen Harmonisierungen auf globaler Ebene angebracht. Wichtig ist in diesem Fall jedoch, dass alle Unternehmen weltweit dieselben Startbedingungen erhalten und der Firmensitz irrelevant ist.

[84] Seit dem Mittelalter hat es verschiedene Machtverteilungen gegeben: zunächst der Klerus, dann die Nationalstaaten, dann die multinationalen/globalen Unternehmen, nunmehr die Kunden.

[85] Analog zum „digital divide", der IT-befähigte Menschen von unbefähigten – oft haben diese nicht einmal die Chance, in die Nähe eines Computers zu gelangen – trennt, könnte es bald auch einen „lingual divide" geben.

Deutsche Bank zum Beispiel betreibt in den USA – bedingt durch den Zusammenschluss mit Bankers Trust – eine umfassende Diversity-Politik, ebenso in Großbritannien. In Deutschland ist der Fokus gegenwärtig hauptsächlich auf die Geschlechterfrage und auf die der Vereinbarkeit von Familie und Beruf gerichtet.

Diversity ist ein personalpolitischer Ansatz, der gewiss in Zukunft noch an Bedeutung gewinnen wird – bis hin zur absoluten personalpolitischen Notwendigkeit.

5.3. Work-Life-Integration

Einige Unternehmen haben mit der klassischen „Frauenförderung" Probleme, zumal diese nicht durchgängig nur positive Spuren hinterlassen hat. Sie haben aber erfahren müssen, dass sie aus Gründen der Nichtvereinbarkeit von Beruf und Familie – insbesondere bei weiblichen Mitarbeitenden – wertvolles Potenzial verloren haben, beziehungsweise gar nicht erst gewinnen konnten. Aus dieser Erfahrung heraus bemühen sie sich um die Herstellung der Vereinbarkeit. Diese Unternehmen weisen jede Form der Fokussierung auf Frauen weit von sich, stellen jedoch oft im Verlauf ihres Agierens fest, dass die Programme zur Vereinbarkeit zu einem ganz großen Teil von Frauen in Anspruch genommen werden. Dabei ist es gleichgültig, ob es sich um Freistellungen oder um flexible oder reduzierte Arbeitszeiten handelt. Diese Tatsache stellt sicher eine der ganz großen personalpolitischen Herausforderungen der Gegenwart dar. Weder die Gesellschaft, noch deren Teilmenge, die Unternehmen, geben Männern eine echte Chance, sich stärker in der Familienarbeit zu engagieren. Die männliche Rolle scheint auch heute noch eher eindimensional. Männern obliegt meist die Funktion, für das Familieneinkommen zu sorgen. Zwar sind Männer in ihren Ausprägungen ähnlich vielfältig wie Frauen, jedoch gibt es auch solche, denen es nicht einmal im Traume einfallen würde, ihr Engagement für das Berufsleben zugunsten von Familienarbeit einzuschränken. Für sie käme das einem Verstoß gegen ihre Natur gleich. Andere Männer wären bereit, getrauen sich aber aus Angst vor sozialer Unbill (sowohl im privaten wie im beruflichen Umfeld) nicht, ihren Wunsch vorzutragen. Dabei unterstellen sie ihrem Umfeld manchmal zu Unrecht mangelnde Akzeptanz. Das heißt, ihre Antizipation verhindert ein Aufbrechen der klassischen Rollenmuster. Jedoch gibt es eben auch Männer, für die die Familienarbeit eine echte Option bedeutet. Diese repräsentieren das Potenzial, mit denen sich eine Veränderung des Rollenverhaltens und der Biografieoptionen erreichen ließe.

Walter Hollstein[86], Männerforscher, beklagt die Eindimensionalität der männlichen Rolle. Nach seiner Auffassung führt die individuelle Schwierigkeit, sich in die Rolle des „harten Mannes" einzuordnen, der auf jede Form der Sensibilität verzichtet, zu den Auswüchsen der Gesellschaft: Gewalt, Kriminalität, Kriege – alles ganz überwiegende „Männerdomänen".

---

[86] Walter Hollstein, „Männerdämmerung – von Tätern, Opfern, Schurken und Helden", Sammlung Vandenhoeck, Göttingen, 1999

Da es letztlich unerheblich ist, welchen Weg ein Unternehmen wählt, um sich mit Fragen des fairen Miteinanders zwischen Männern und Frauen zu befassen, zumal dieser zur jeweiligen Unternehmenskultur passen muss, haben sich Organisationen herausgebildet, die Unternehmen für ihre freiwilligen Bemühungen auszeichnen. Zur Förderung der besseren Vereinbarkeit von Privatleben und Beruf ist das „Audit Beruf und Familie"[87] geschaffen worden. In zehn Handlungsfeldern werden zunächst der Status quo der angebotenen familienorientierten Maßnahmen, dann das betriebsinterne Entwicklungspotenzial ermittelt und anschließend Handlungsempfehlungen entwickelt. Zu den Handlungsfeldern gehören: 1. Arbeitszeit, 2. Arbeitsabläufe und -inhalte, 3. Arbeitsort, 4. Informations- und Kommunikationspolitik, 5. Führungskompetenz, 6. Personalentwicklung, 7. Entgeltbestandteile und geldwerte Leistungen, 8. Service für Familien, 9. personalpolitisches Datenmodell und 10. Betriebsspezifika. Bei allen Punkten wird nicht nur das Vorhandensein eines Konzeptes, sondern auch noch der Grad der Umsetzung analysiert.

Welche Maßnahmen im einzelnen die Familienkompatibilität fördern, wird in Kapitel 6 exemplarisch anhand des Unternehmensbeispiels Lufthansa erläutert.

5.4. „Frauenförderung"

Der Begriff der „Frauenförderung" ist gegen Ende der sechziger Jahre entstanden und fand zunächst hauptsächlich im Öffentlichen Dienst Verbreitung. Ausgelöst durch eine sicher nicht zu leugnende Benachteiligung von Frauen in allen Bereichen des öffentlichen Lebens, kam es zunächst zu einem Vorgang, der heute mit „positiver Diskriminierung" umschrieben wird. Dabei galt es, den Veränderungsprozess nicht seiner organischen Geschwindigkeit zu überlassen, sondern ihn vielmehr durch bevorzugte Berücksichtigung von Frauen zu beschleunigen. Dadurch kam es oft vor, dass das heute gültige Primat der Besteigung zugunsten des Geschlechts vernachlässigt wurde.

Heute verbindet sich mit dem Begriff bei den meisten Menschen eine negative Assoziation: Junge Frauen möchten keine Förderung, nur weil sie weiblichen Geschlechts sind. Sie sind heute fachlich nicht schlechter qualifiziert als Männer. Vor allem bei Männern in verantwortlichen Positionen verbindet sich mit dem Begriff „Frauenförderung" auch eine negative Vorstellung von regulativer Steuerung und ein Gedanke an die Zeit der Geschlechtertrennung und -wertung. Leider hat die „Frauenbewegung" drei Jahrzehnte lang die Männer ausgeschlossen[88] und sich polarisierend hauptsächlich der Frage gewidmet, wie nachzuweisen sei, dass Frauen das überlegene Geschlecht repräsentierten. Bereits 1993 hat Naomi Wolf[89] sich kritisch mit

---

[87] entwickelt 1995 von der gemeinnützigen Hertie-Stiftung, angeregt durch US-amerikanischen „family friendly index"
[88] s. dazu auch Alice Schwarzer, Der große Unterschied. Gegen die Spaltung von Menschen in Männer und Frauen. Schwarzer erklärt darin die „Frauenbewegung" für gescheitert.
[89] „Die Stärke der Frauen – gegen den falsch verstandenen Feminismus"

der Polarisierung auseinandergesetzt, was jedoch in Deutschland weitestgehend unbemerkt blieb.

Inzwischen wissen wir aus der Hirnforschung[90], dass es physiologische Unterschiede zwischen Männern und Frauen und darüber hinaus zwischen den einzelnen Menschen gibt, die eine solche Grundsatzfrage obsolet erscheinen lassen. Im Sinne von Diversity werden klug handelnde Unternehmen das Beste von jedem Menschen zur Produktivitäts- und Qualitätssteigerung einfordern und ihnen umgekehrt ungeteilte Wertschätzung entgegenbringen.

Gleichwohl gibt es auch heute noch Unternehmenskulturen, in denen es folgerichtig ist, sich über Frauenförderung oder Gleichstellung Zugang zu diesem Themenkomplex zu schaffen. Insbesondere Unternehmen, die eine ausgeprägte Mitbestimmungskultur haben, haben sich dem Thema der Chancengleichheit oft durch den Druck „von unten", also „bottom up", genähert. Dabei waren meist die Mitarbeitervertretungen die Treiber[91] für den Veränderungsprozess.

Total E-Quality (TEQ)[92], ein Verein, der Unternehmen, Wissenschaftsbetriebe und öffentliche Verwaltungen für eine an Chancengleichheit ausgerichtete Personalpolitik mit einem Prädikat auszeichnet, nähert sich vom Grundsatz dem Thema eher über die Geschlechterproblematik. Leider ist es dem Verein bisher nicht gelungen, eine größere Zahl von Unternehmen davon zu überzeugen, dass sich eine chancengleiche Personalpolitik lohnt. Oder aber die Unternehmen möchten ihre diesbezüglichen Aktivitäten nicht von TEQ einschätzen lassen. Der gewählte Weg erscheint indessen richtig und auch erfolgversprechend.

Wie ein Unternehmen vorgeht, um sich mit den entsprechenden Fragestellungen auseinander zu setzen, ist letztlich unerheblich und hängt von den vorhandenen Parametern wie Historie, Grad der Mitbestimmung und Unternehmenskultur ab. Der vom Bundesministerium für Familie, Senioren, Frauen und Jugend in die Diskussion gebrachte Vorschlag, auch für die Privatwirtschaft ein verbindliches Gleichstellungsgesetz zu verabschieden, wird das Ziel, mehr Chancengerechtigkeit herzustellen, verfehlen.

---

[90]Besonders hervorzuheben ist hier die Untersuchung von Höhler/Koch, „Der veruntreute Sündenfall"

[91] s. dazu auch Kapitel 3

[92]1995 nach einer Präsentation von Gillian Shapiro zu „E-Quality Driven Total Quality" während einer Konferenz in Italien aus der und für die Wirtschaft entstanden, gibt Unternehmen die Möglichkeit, durch Selbsteinschätzung an sieben Kriterien bei Erfüllung der Mindestvoraussetzungen ein Prädikat für die Dauer von drei Jahren verliehen zu bekommen. Die sieben Kriterien sind: 1. Beschäftigungssituation von Frauen; 2. Personalbeschaffung, Einstellung, Nachwuchsförderung; 3. Personalentwicklung und Weiterbildung; 4. Vereinbarkeit Familie und Beruf; 5. Partnerschaftliches Verhalten am Arbeitsplatz; 6. Institutionalisierung von Chancengleichheit; 7. Chancengleichheit als Unternehmensphilosophie und Ziel innovativer Managementstrategie

5.5. Gleichstellungsgesetz für die Privatwirtschaft

Ausgehend von der Überlegung, dass sich inzwischen 52 Unternehmen[93] als familienfreundlich haben auditieren lassen, 49 Unternehmen das Total E-Quality-Prädikat erhalten haben und möglicherweise weitere 100 – 200 Unternehmen[94] sich mit Chancengleichheit befassen, ohne darüber nach außen zu kommunizieren, mag man die Situation als mangelhaft empfinden. Das Bundesministerium für Familie, Senioren, Frauen und Jugend zieht daraus jedoch bedauerlicherweise den Schluss, dass ein Gesetz, das „Frauenförderung" verbindlich für die Privatwirtschaft[95] regelt, die logische Konsequenz sei. Dies wird energisch bestritten. Es ist ein Trugschluss, dass die Erweiterung des zweiten Absatzes des Artikel 3 des Grundgesetzes um die Förderung der Durchsetzung von Gleichberechtigung der Geschlechter verlangt, die Bundesregierung müsse die Wirtschaft mit einem Gleichstellungsgesetz „zwangsbeglücken". Lediglich aus der 1998 getroffenen Koalitionsvereinbarung wäre bestenfalls eine Handlungsaufforderung abzuleiten.

In der Zeit, in der dieses Buch entstand, wurde auf die Verabschiedung dieses Gesetzes – zunächst - verzichtet. Die BDA[96] hatte in Gesprächen mit dem Bundeskanzler und dem Wirtschaftsminister massive Bedenken geäußert. So ist zunächst eine „Selbstverpflichtung" der Wirtschaft entstanden, die den Unternehmen Spielräume für individuelles Handeln einräumt. Da die Autoren davon ausgehen, dass das Gesetz möglicherweise nur vorübergehend ausgesetzt wurde, erscheint es sinnvoll, die geplanten Eingriffe darzustellen und sie zu kommentieren.

Die Prozesse, die in einem Unternehmen zum Erfolg geführt haben, lassen sich nicht ohne weiteres auf andere Unternehmen übertragen (s.a. Kapitel 9), dennoch kann als sicher angenommen werden, dass der Weg über eine effektive Kommunikation (s.a. Kapitel 8), die die Organisation im Hinblick auf Chancengleichheit nachhaltig verändert, wirkungsvoller ist als jede Zwangsmaßnahme.

Ein Gesetz, das nur in Deutschland Gültigkeit entfalten würde und mit hohen Auflagen versehen wäre, führte deutsche Unternehmen noch weiter in einen verzerrten Wettbewerb. Global agierende Unternehmen – das gilt nicht nur für Großunternehmen – schließen sich eher dem „UN Global Compact"[97] oder anderen Organisationen, in denen

---

[93] Stand: Juni 2001. Es gehören u.a. Accenture, Bischöfliches Hilfswerk Miseror, Hypo Vereinsbank, Kreditanstalt für Wiederaufbau, pme Familienservice, Siemens zu den Grundzertifizierten

[94] Es gibt in Deutschland – je nachdem, ob man die Freiberuflichen dazu rechnet oder nicht – 2 oder 3 Millionen Unternehmen.

[95] Basis dafür ist die Koalitionsvereinbarung aus dem Jahre 1998.

[96] Bundesvereinigung deutscher Arbeitgeberverbände

[97] Der UN Global Compact ist 1999 von dem Generalsekretär Kofi Annan im Rahmen des Davoser Weltwirtschaftsgipfels initiiert worden und zielt auf eine Milderung der durch die Globalisierung ausgelösten Wirkungen auf Menschen. In neun „Prinzipien" verpflichten sich die Mitgliedsunternehmen, weltweit Standards einzuhalten. Die Prinzipien lauten: 1. support and respect the protection of international human rights within their sphere of influence; and 2. make sure their own corporations are not complicit in human rights abuses. 3. freedom of association and the effective recognition of the right to collective bargaining. 4. the elimination of all forms of forced and compulsory labour. 5. the effective abolition of

sich die Unternehmen selbst verpflichten, an, als sich nationalen Auflagen zu beugen. Sind die Arbeitskosten durch direkte Personalkosten und Lohnnebenleistungen in Deutschland ohnehin schon weit über dem Niveau der meisten europäischen Staaten, führte eine weitere Regulierung nicht nur zu mehr Administration, sondern entschleunigte die Prozesse, anstatt sie zu beschleunigen.

Im Sommer 2000 legte das Bundesministerium für Familien, Senioren, Frauen und Jugend einem Expertenkreis[98] einen Entwurf vor, der in fast allen Punkten für die meisten Unternehmen in Deutschland[99] unzumutbar ist. Bedenkt man zudem, dass 87 Prozent[100] aller Arbeitnehmenden in Unternehmen mit weniger als 20 Mitarbeitenden beschäftigt sind, 72 Prozent gar in solchen mit weniger als 10, lässt sich erahnen, dass ein solches Gesetz seine Wirkung verfehlen müsste, da in solchen Betrieben nur selten eine strukturierte Personalpolitik anzutreffen ist.

Im Entwurf wird die Erhöhung des Frauenanteils in Führungspositionen gefordert. Dies ist ein sinnvolles Ziel. Allerdings zeigt sich bei Benchmarks, dass jedes Unternehmen Führung anders definiert. Für einige Banken zum Beispiel gehören schon diejenigen zu Führungskräften, die Prokura besitzen. Dabei ist zu bedenken, dass es bei Banken relativ viele Prokuristen gibt. Andere definieren ihre sämtlichen außertariflich Angestellten als Führungskräfte. In diesen Unternehmen hört die Vergütungstarifobergrenze oft bei 7.000 DM im Monat auf. Andere stützen sich auf das Betriebsverfassungsgesetz und definieren Führungskräfte danach, dass deren Interessen nicht mehr vom Betriebsrat wahrgenommen werden. In einigen Unternehmen wiederum liegt eine leitende Position selbst bei einer Führungsspanne von 1.500 Mitarbeitern und Mitarbeiterinnen nicht vor. Oft wird hier als Organisationsbezeichnung der Begriff „Gruppe" (und nicht „Abteilung") gewählt. Dies gilt insbesondere für einige Automobilbauer, bei denen Gruppenleiter oft eine derart große Leitungsspanne besitzen. Wie will man bei so verschiedener Begrifflichkeit ein quantitatives Ziel vorgeben, das nach dem Gesetzesentwurf gefordert wird?

„Gleiche Entlohnung für gleiche Arbeit", eine ausdrückliche Forderung des Gesetzesentwurfs, ist bei genauer Vergleichbarkeit in fast allen Unternehmen gegeben. Wenn nicht, ist es ein Fall für Betriebsräte oder Gewerkschaften. Leider begehen hier viele den Fehler, beispielsweise Firmenzugehörigkeit oder Qualifikation nicht zu berücksichtigen. Als Auslöser beziehungsweise Grundlage für Vergütung sind sie jedoch häufig in Tarifverträgen ausdrücklich in Bezug genommen. Dass man dazu auch zu einer

---

child labour. 6. the elimination of discrimination in respect of employment and occupation. 7. support a precautionary approach to environmental challenges. 8. undertake initiatives to promote greater environmental responsibility. 9. encourage the development and diffusion of environmentally friendly technologies. Mehr dazu: www.unglobalcompact.com

[98] Ihm gehörten u.a. Prof. Dr. Heide Pfarr, Ingrid Weber, Prof. Dr. Ursula Rust, Prof. Dr. Dagmar Schiek, Dr. Silke Laskowski, Ursula Engelen-Kefer an

[99] Ausnahmen bilden ehemalige Staatsbetriebe, die auch heute noch über einen hohen Anteil an Beamten verfügen, und solche, die eine – zu? – starke Mitbestimmung und damit eine hohe Regulierungskultur haben.

[100] Zahlen von der Bundesvereinigung Deutscher Arbeitgeberverbände

anderen als der am BAT[101] orientierten Systematik finden kann ist unbestritten, liegt jedoch in den Händen der Tarifparteien.

Nach Vorstellung des Bundesministeriums und externer Berater sollen Frauen an Personalentwicklungsprogrammen mindestens proportional zu ihrer Präsenz im jeweiligen Arbeitsumfeld beteiligt werden. Diesem Gedanken liegt ein Unverständnis wirtschaftlichen Geschehens zugrunde. Für Unternehmen ist bei Qualifizierung eher die Frage wichtig, auf wen für eine vorübergehende Zeit im Unternehmen verzichtet werden kann und wer welche Qualifikation dringend für seine beziehungsweise ihre Arbeit benötigt, als an ein zufälliges Zahlenverhältnis zu denken.

Die Forderung, Frauen bei Personalabbau nicht überproportional zu belasten, erscheint ebenfalls wenig sachdienlich. Oftmals werden bei Umstrukturierungen Unternehmensteile geschlossen oder veräußert. Bezöge man diese Forderung zum Beispiel auf einen Automobilkonzern, der beschließt, die Sitznäherei – es darf angenommen werden, dass es sich dabei um eine „Frauendomäne" handelt – zu verkaufen, dann müssten zunächst x Prozent der Männer freigesetzt und y Prozent der Frauen beispielsweise zu Lackiererinnen und Karosseriebauerinnen umgeschult werden, damit der Frauenanteil im Unternehmen konstant bleibt. Dass dies auch erhebliche Kosten verursacht sei nur am Rande erwähnt.

Die Idee, nach der es „außerbetriebliche Ansprechstellen"[102] bei Unstimmigkeiten mit Fragen der Chancengleichheit geben sollte, würde einen Teil der bislang zumeist erfolgreich betriebsintern gelösten Probleme nach außen verlagern. Bei kleinen und mittelgroßen Unternehmen, die selten über interne Kapazitäten zur Schlichtung von Konflikten verfügen, mag es sinnvoll sein, bei großen jedoch eher nicht. Das könnte zum Beispiel dazu führen, dass der gewerkschaftliche Einfluss in den Betrieben wächst, ohne dass damit eine Verlagerung von Verantwortung einhergeht (was ja vom Gesetzgeber auch gar nicht vorgesehen ist).

Es gibt im Entwurf die Forderung, den Anteil an weiblichen Auszubildenden zu erhöhen – ein durchaus zu unterstützender Wunsch. Ihn zu erfüllen setzt indessen eine ausreichende Anzahl an Bewerberinnen voraus. Auch mit gezielten Personal-marketingmaßnahmen gelingt es Unternehmen nur selten, die zumeist in jüngeren Jahren gefällte Berufswahlentscheidung zu beeinflussen. Hier müsste viel früher angesetzt werden, was zumeist jedoch außerhalb des Einflussbereiches der Unternehmen – allemal der kleinen – liegt.

Das Postulat des Entwurfes, Besprechungen nur in Kernarbeitszeiten stattfinden zu lassen, zeigt, dass ein wesentlicher Quantensprung bei der Arbeitszeitflexibilisierung – nämlich der Wegfall von Kernarbeitszeiten in vielen Unternehmen – noch nicht bemerkt wurde. Außerdem entbehrt er insofern jeglichen Realitätssinns, als Besprechungen selten

---

[101] Bundesangestellten-Tarifvertrag, dessen Schwächen nach Auffassung der Autoren vor allem in der regelmäßigen Vergütungserhöhung ohne Leistungsbezug und der Förderung ebenfalls nach Zugehörigkeit liegen.
[102] Hier wollen vor allem die Gewerkschaften aktiv werden.

willkürlich zum Beispiel um 18 Uhr angesetzt werden, sondern aus der Notwendigkeit, schnell auf ein Ereignis zu reagieren oder aber, wenn die Gesprächspartner sich in einer anderen Zeitzone aufhalten und zum Beispiel eine Telefon- oder Videokonferenz durchgeführt werden muss. Die 24-Stunden-Gesellschaft ist zwingende Konsequenz der Globalität und ergreift leider auch bis dato „geschützte" Berufsgruppen. Darin nicht nur eine Bedrohung, sondern vor allem eine Chance im Sinne der Gestaltung durch die flexibilisierte Arbeitszeit zu sehen wäre ein zielführenderer Ansatz.

Ferner sollten mit einem neuen Gesetz Unternehmen dazu verpflichtet werden, für Kinderbetreuung zu sorgen. Es kann nicht Aufgabe eines Unternehmens sein, für alle politisch oder gesellschaftlich verursachten Defizite gerade zu stehen. Gleichwohl geben manche Unternehmen für Kinderbetreuung sehr viel Geld aus, um ihr qualifiziertes Personal zu binden. Würde sich die Politik jedoch darauf konzentrieren, die in Deutschland im internationalen Vergleich wettbewerbsverzerrenden Rahmenbedingungen, insbesondere im Hinblick auf Kinder- und Jugendlichenbetreuung, zu beseitigen, stünde den Unternehmen wesentlich mehr weibliches Potenzial für Führung zur Verfügung. Deutschland ist im Hinblick auf Betreuungszeiten für Kinder und Jugendliche auf einem der letzten Plätze der Industrienationen. Zur Tertiärisierung einer Gesellschaft, also dem Wandel zur Dienstleistungsgesellschaft, die auf Information und Wissen fußt, gehört die Dienstleistung „Betreuung". In Deutschland gibt es für Kinder unter drei Jahren so gut wie keine öffentlichen Betreuungsangebote. Für Kinder von drei bis sechs Jahren hängt die Dauer der täglichen Betreuung vom Wohnort ab. In manchen Gemeinden reicht das Angebot nur für vier Stunden täglich, was nicht einmal teilzeittauglich ist, falls der Arbeitsplatz nicht direkt neben der Betreuungseinrichtung liegt. Für die Altersgruppe der Sechs- bis Zehn- (in einigen Bundesländern Zwölf-) Jährigen gibt es nur in Nordrhein Westfalen die betreute Grundschule, die zumindest am Vormittag einen Garantieaufenthalt in der Schule zusagt. In der weiterführenden Schule bieten nur Privat- oder Gesamtschulen Ganztagsbetreuung an. Andere Staaten bieten Ganztagsbetreuung für Kinder und Jugendliche aller Altersstufen. Sie weisen eine höhere Geburtenrate und eine stärkere Erwerbsquote bei Frauen auf. Wären die Rahmenbedingungen besser, würde sich das Thema „frauenfreies Topmanagement" über Marktmechanismen von alleine lösen und bedürfte keiner politischen Steuerung.

Sicherlich hängt die Wahl des Weges zu mehr Chancengleichheit von der jeweils herrschenden Unternehmenskultur und vom Grad der Regulierungsbereitschaft ab. Dennoch handelt es sich bei der Neueinführung oder Bündelung des Themas um den Vorgang eines Paradigmenwechsels, der den allgemein gültigen Mechanismen von „Change Management"[103] genügen sollte, um erfolgreich zu sein. Nachhaltigkeit von Veränderungen wird meist nicht über Zwangsmaßnahmen, sondern durch systematisches Vorgehen, flankiert von Überzeugungsarbeit erreicht. Doch dazu mehr in Kapitel 8.

---

[103] Siehe dazu Klaus Doppler, Christoph Lauterburg, „Change Management – den Unternehmenswandel gestalten"

5.6. Vergleich zu den Vereinigten Staaten von Amerika

Die Bundesministerin hat bei der Argumentation für eine vermeintliche Notwendigkeit stets Bezug auf das Vorbild der wirtschaftlich weniger regulierten Vereinigten Staaten genommen, in denen es das „affirmative action program" gibt. Dieses zielt auf die Beseitigung existierender Benachteiligungen von allen Minderheiten, und damit eben nicht nur auf die Benachteiligung von Frauen. Dazu sei erwähnt, dass dieses Programm, das Ungerechtigkeiten beseitigen sollte, bei anderen Bevölkerungsgruppen neue kreiert hat, so dass es bereits mehrmals nachgebessert wurde und nunmehr ganz zur Disposition steht. Zudem hat der von den Amerikanern gewählte Weg eher einen Antsdiskriminierungscharakter, während zumindest in Deutschland eher der pro-aktive, gestalterische gewählt wird. Hinzu kommt, dass sich Mentalität und Kultur der Vereinigten Staaten nicht mit Europa, insbesondere nicht mit Deutschland vergleichen lassen. Die Regelungsdichte für die soziale Absicherung des Individuums ist in den Staaten um ein Vielfaches geringer als in Deutschland. Aber selbst dort hat sich ein gesteuertes Eingreifen als nicht erfolgreich erwiesen.

Das Thema „Mentalitätsunterschiede" ist zu wenig greifbar, um hierüber eine professionelle und fundierte Aussage treffen zu können. Wer in den USA einmal etwas Zeit verbracht hat, kann jedoch feststellen, dass die Motivatoren für Handeln des Einzelnen oft nicht intrinsischer Natur sind, so dass eine klare Vorgabe von Zwischenschritten bei vielen Mitarbeitern und Mitarbeiterinnen die Erfolgswahrscheinlichkeit erhöht. Unterschiede liegen gewiss auch im Bildungsniveau. Zwar ist die amerikanische Bildung im Spitzenbereich der europäischen überlegen, was allein schon daran deutlich wird, dass viele Europäer in den USA qualifiziert werden. Jedoch in der Basis der Aus- und Weiterbildung liegt Deutschland – trotz Abwärtstrend – noch immer vor den Bildungsergebnissen der Vereinigten Staaten. Dies mag verschiedene Ursachen haben: einerseits das duale Ausbildungssystem in Deutschland, andererseits die hohe Migrantenzahl – auch heute noch sehr vieler gering Qualifizierter – in den USA.

Bedenkt man zudem, dass bei der Feststellung der Anzahl von Frauen in Führungspositionen das gleiche Problem bei der Definition von Führung auftritt wie in Deutschland, so kann eine seriöse Vergleichbarkeit nicht hergestellt werden. Bezeichnungen wie „Manager" werden in den USA bereits für einfachste Tätigkeiten verliehen. Zählte man in Deutschland all diese Tätigkeiten zur Führung, so sähe auch hier die Repräsentanz von Frauen in Führungspositionen weit besser aus. Gleichwohl lässt es sich nicht verhehlen, dass es in Deutschland keine Frau an der Spitze eines DAX-Unternehmens gibt, in den USA mit Carla Fiorina (CEO von Hewlett Packard) zumindest eine Vorstandsspitze eines Dow Jones-Unternehmens ist. Ob diese Tatsache allerdings dem „affirmative action program" zu verdanken ist, darf bezweifelt werden.

Festzuhalten bleibt, dass die USA nicht nur kein gutes Beispiel für erfolgreiche Genderpolitik sind, sondern dass es auch an überzeugenden Kriterien fehlt, um überhaupt eine Vergleichbarkeit herzustellen.

5.7. Fazit

Da alle Unternehmen sich in erster Linie an wirtschaftlichen Gegebenheiten orientieren müssen, werden die wenigsten von ihnen den Weg zu Chancengleichheit über ein Gesetz für den richtigen halten. Bei der Auswahl der anderen vier Zugänge gibt es - wieder - keinen Königsweg. Zu verschieden sind die Vorgeschichten der Unternehmen, die Kultur derselben und die Ausrichtung der Unternehmenslenker, als dass der erfolgreiche Weg eines Unternehmens auf alle übertragbar wäre. Wünschenswert wäre, wenn mehr Unternehmen Vorteile in einer chancengleichen Personalpolitik entdeckten – nicht nur, weil die Politik dann nicht mehr über Gesetze sinnieren müsste, sondern auch, weil es gerechter zugehen würde in der Wirtschaft. Unter anderem damit könnte die Wirtschaft ihr für viele Außenstehende in diesem Felde negativ belegtes Ansehen aufbessern. Ganz abgesehen von dem wirtschaftlichen Nutzen, der durch die Erhöhung der Anzahl qualifizierter Mitarbeiterinnen entstehen würde.[104]

---

[104] Näheres dazu in Kapitel 2.

6. Situation bei Lufthansa

Bei Lufthansa manifestierten sich die Aktivitäten zu einem fairen Miteinander von Frauen und Männern zu Beginn der siebziger Jahre, was in Kapitel 4 eingehend ausgeführt wurde. Nunmehr soll ein Blick auf den Status quo geworfen werden. Dabei ist zu unterscheiden zwischen „chancengleicher Personalentwicklung für Frauen" und „Vereinbarkeit von Familie und Beruf".

6.1. Chancengleiche Personalentwicklung für Frauen

6.1.1. Frauen in Führungsfunktionen

Die allgemeine Ursachenanalyse für den auch heute noch geringen Anteil von Frauen in Führungsfunktionen ist bereits in den Kapiteln 3 – 5 durchgeführt und beschrieben worden. Wie bei vielen anderen Unternehmen auch, ist die Ursache für den in Relation zu den weiblichen Gesamtbeschäftigten[105] geringen Anteil von Frauen in Führungsfunktionen bei Lufthansa eher ein Quantitäts – denn ein Qualitätsproblem. Dies liegt daran, dass dem Markt heute zwar genügend qualifizierte Frauen zur Verfügung stehen, diese jedoch, sofern sie Familie haben, oft nicht im erforderlichen Umfang – vor allem im Hinblick auf die Arbeitszeiten – für die Unternehmen einsetzbar sind. Ursache dafür ist einerseits die mangelnde Bereitschaft der Männer, die sozial gering angesehene Familienarbeit wenigstens anteilig zu übernehmen, andererseits, dass es gesellschaftlich für Männer andere Konsequenzen hat, wenn sie sich in die Familienarbeit „zurückziehen". Ferner darf nicht übersehen werden, dass Frauen in der Tat auch oft nicht die Verantwortung, die mit einer Führungsaufgabe verbunden ist, übernehmen möchten. Dies gilt zwar auch für viele Männer, fällt bei ihnen aber statistisch nicht so ins Gewicht, da es noch genügend andere Männer gibt, die bereit sind, für eine Karriere auch außerordentliche berufliche und private Belastungen auf sich zu nehmen.

Im Folgenden soll bereits die in Kapitel 5 problematisierte Definition von „Führung" bei Lufthansa aufgegriffen werden: „Führungskräfte" gibt es im Unternehmen in zwei unterschiedlichen Ausprägungen. Zum einen sind Führungskräfte solche Mitarbeiter beziehungsweise Mitarbeiterinnen, die Personalführungsverantwortung tragen, das heißt, eine gewisse „Leitungsspanne" haben, also Vorgesetzte für eine bestimmte Anzahl von Mitarbeitenden sind. Demgegenüber werden jedoch auch Mitarbeiter/-innen zu Führungskräften gerechnet, die aufgrund ihrer Sachkompetenz eine bestimmte sehr wichtige Position einnehmen, ohne Personalführungsverantwortung zu tragen. Während die erste Gruppe traditionell in Bereichsleiter/-innen, Hauptabteilungsleiter/-innen, Abteilungsleiter/-innen und Gruppenleiter/-innen aufzugliedern ist, treffen auf die zweite Bezeichnungen wie „Referenten bzw. Referentinnen", „Vorstandsreferenten/-innen", „Beauftragte" zu.

---

[105] Seit etwa zehn Jahren schwankt dieser Anteil um ca. 42 Prozent – Abweichungen nach oben und unten von einem Prozent.

Ein anderes Ordnungskriterium wäre in § 5, Absatz 3 BetrVG zu finden. Die ursprüngliche Fassung dieser Vorschrift aus dem Jahre 1972 war eine eher unglückliche Regelung, die zu vielen sogenannten „Statusprozessen" führte. Da der Gesetzgeber es versäumt hatte, den Begriff „leitender Angestellter" klar zu definieren, waren die Unternehmen solchermaßen auf die Hilfe der Gerichte angewiesen. Diese Prozesse um den Status „leitend" kosteten viel Zeit, Geld und Kraft, waren personalpolitisch häufig sehr kritisch, da ursprünglich auch die von dieser Regelung Betroffenen für sich ein Klagerecht reklamierten, ohne es jedoch wirklich zu haben, und waren in ihrem Ausgang häufig völlig unbefriedigend. Nach geraumer Zeit gerichtlicher Auseinandersetzungen gingen Geschäftsleitungen und Betriebsräte dazu über, bestimmte Positionen „außer Streit" zu stellen. Das heißt, man ließ letztlich offen, ob aufgrund des Wortlautes von § 5, Absatz 3 BetrVG eine Position leitend war oder nicht. Im Wege des reinen Kuhhandels wurde der Status „leitend" oder „nicht leitend" schlicht „ausgewürfelt".

Die Novellierung brachte im Jahre 1989 Klarheit. Das, was viele Praktiker schon zur Zeit des Inkrafttretens des Betriebsverfassungsgesetzes 1972 postuliert hatten, nämlich dann, wenn alle anderen, vom Gesetz angebotenen Kriterien versagten, die Höhe der Vergütung als ausschlaggebend für die Einordnung heranzuziehen, wurde endlich manifestiert.

Nun mag es in vielen Betrieben Sinn machen, sich lediglich der gesetzlichen Definition zu bedienen, um Führungspersonal einzuordnen. Es gibt jedoch auf der so genannten „Gruppenleiterebene" nicht selten Personen mit erheblicher Führungsverantwortung, die nicht den Kriterien des § 5, Absatz 3 BetrVG genügen, innerbetrieblich jedoch zweifelsfrei als Führungskräfte angesehen werden. Wie schon an anderer Stelle erwähnt, wird hieraus auch die Untauglichkeit vieler statistischer Angaben deutlich, da sie nicht auf sauberer definitorischer Abgrenzung fußen. Die Frage zu stellen, ob ein Mitarbeiter oder eine Mitarbeiterin vom Betriebsrat oder vom Sprecherausschuss der Leitenden betreut wird, um aus ihrer Beantwortung abzuleiten, ob es sich um eine Führungskraft handelt oder nicht, ist deswegen nur von begrenztem Nutzen.

So zählen zum Beispiel zu den Führungskräften, die Personalverantwortung für Mitarbeiterinnen und Mitarbeiter tragen, bei der Lufthansa Kapitäne, Purser[106], Meister, Teamleiter und andere. Bei diesem Personenkreis handelt es sich zweifelsfrei nicht um leitende Angestellte im Sinne des Betriebsverfassungsgesetzes. Aber ebenso zweifelsfrei werden sie als Führungskräfte im Unternehmen angesehen. Innerhalb dieses Personenkreises hat sich in den vergangenen zehn Jahren der Anteil von Frauen von 21,65 Prozent 1989 auf 28,00 Prozent 2000[107] verändert (Abb. 3).

---

[106] Vorgesetzte des Kabinenpersonals an Bord
[107] Zahlen entnommen aus den „Berichten Personal" 1990 bis 2000.

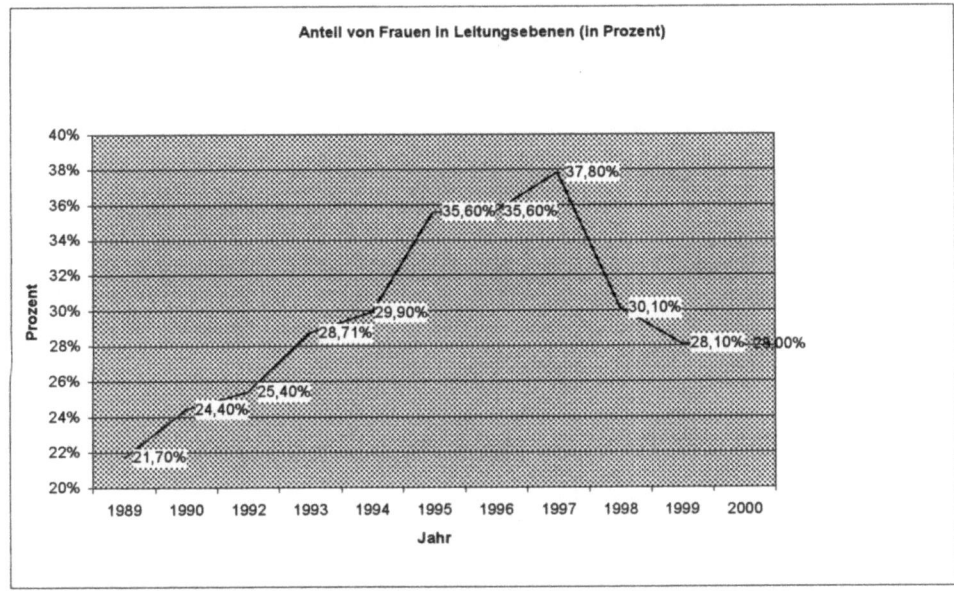

Abb. 3: Entwicklung des Frauenanteils in Führungsfunktionen

Beim Anteil von Frauen in den Leitungsebenen, von denen es bei Lufthansa unterhalb des Vorstandes drei, nämlich A, B und C[108] gibt, hat es in den vergangenen elf Jahren folgende Entwicklung gegeben: von 2,09 Prozent (1989) über 7,4 Prozent (1995) auf 10,6 Prozent (2000)[109] (Abb.4).

---

[108] In Anlehnung an die Systematik von Hay-Consultants
[109] Zahlen entnommen aus „Bericht zur beruflichen Situation von Frauen und Männern bei Lufthansa" der jeweiligen Jahre

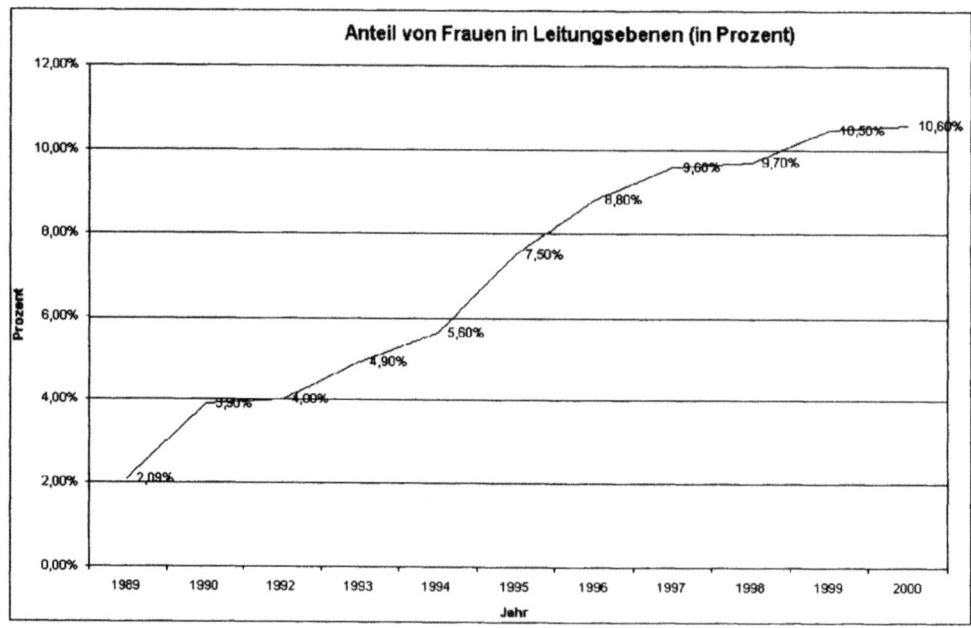

Abb. 4: Anteil von Frauen in Leitungsebenen

Ursachen für diese Entwicklung liegen sicherlich in der zunehmenden Akzeptanz von Frauen in der Arbeitswelt und auch in Führungsfunktionen und im grundsätzlichen Mangel an geeigneten Führungskräften, die neben der erwarteten Fach- auch eine hohe soziale Kompetenz mitbringen. Im Lufthansa-Kompetenz-Modell (s. Abb. 5) sind die Fähigkeiten mit den vier Basiskompetenzen, fachliche, methodische, soziale und persönliche, aufgeführt. Deutlich wird daraus, dass die rein fachliche Kompetenz nur noch einen Bruchteil im Verantwortungsspektrum einer Führungskraft ausmacht.

Es soll an dieser Stelle nicht die Frage erörtert werden, ob Frauen die erforderlichen sozialen Kompetenzen eher mitbringen als Männer oder ob sie sozialisierbar sind. Sollten diese Kompetenzen auch in Zukunft von ähnlicher Relevanz bleiben, ist die Frage, ob sich der Arbeitsmarkt langfristig in einen weiblich dominierten verwandelt, naheliegend und gewiss interessant für einen Diskurs.

Kompetenz-Modell

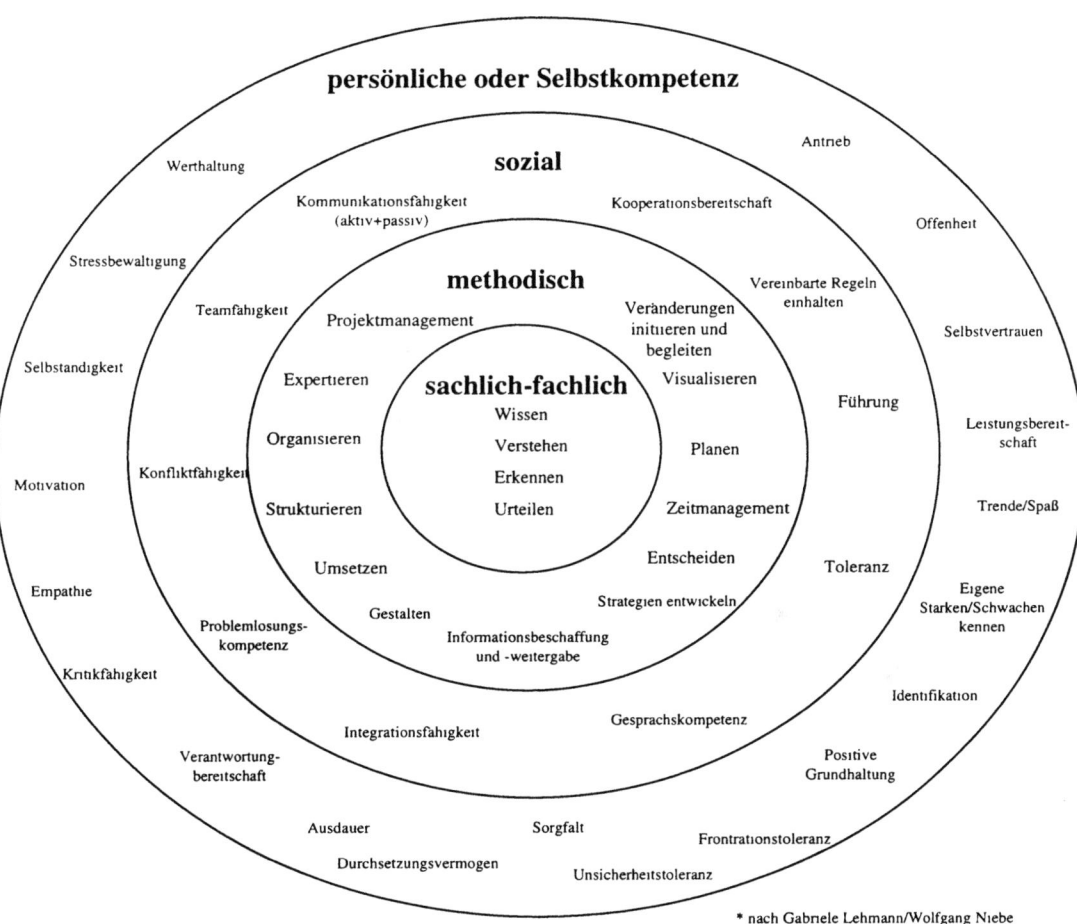

Abb. 5: Lufthansa-Kompetenz-Modell

6.1.2. Mentoring und Cross-Mentoring

Mentoring ist eine uralte Methode, um Erfahrungs- und Wissensunterschiede zwischen Menschen verschiedener Generationen zu überwinden. Der Name stammt aus der „Odyssee" von Homer. Während der Eroberung Trojas, aus heutiger Perspektive also einer längeren Dienstreise, wurde der Sohn Odysseus', Telemach, im Hinblick auf die Erziehung für das öffentliche Leben, in dem Frauen nicht in Erscheinung treten durften, von einem hierzu Beauftragten seines Vaters erzogen. Dieser trug den Namen „Mentor". Mentoring hat es zu jeder Zeit informell und vor allem für Männer gegeben.

Da Frauen nicht uneingeschränkt auf männliche Topmanager zugehen können, um sie als Mentoren zu gewinnen – anders als ihre männlichen Kollegen dies zumeist tun - entstand im Verlauf des Jahres 1998 bei Lufthansa die Idee, ein unternehmensübergreifendes Mentoring, das sogenannte Cross-Mentoring, für qualifizierten weiblichen Nachwuchs zu initiieren. Die Überlegung dabei galt der Herstellung gleicher Chancen im Hinblick auf Beförderung. Das heißt, dem qualifizierten weiblichen Nachwuchs sollte eine Plattform geschaffen werden, auf der er sichtbarer wurde und damit bei Besetzungen von Führungsfunktionen mehr als bis dahin berücksichtigt werden konnte.

Nachdem innerhalb der Lufthansa die Zustimmung zu diesem Programm eingeholt war, wurden die Deutsche Bank, die Commerzbank und die Deutsche Telekom um Mitwirkung gebeten. Zwischen den Unternehmen wurde die Architektur der Programms gestaltet: Je drei weibliche Mentees, die mindestens zwei Jahre in ihrem Unternehmen gearbeitet hatten, in einem internen Entwicklungstest, einem Assessment Center, ihr Entwicklungspotenzial dokumentiert hatten, erhielten für die Pilotdauer von einem Jahr einen Mentor aus einem anderen Unternehmen für individuelle Gespräche zur Seite gestellt. Die Mentoren waren hierarchisch sämtlich auf der Ebene unterhalb des Konzernvorstandes angesiedelt.

Da niemand beide Parteien, also Mentees und Mentoren kannte, musste ein Matchingprozess (das Zusammenfügen von Mentor und Mentee zu einem „Tandem"), der eine große Erfolgswahrscheinlichkeit bot, durchgeführt werden. So entstand das Zusammenbringen mittels ausführlicher Lebensläufe, die unter anderem Angaben zu persönlichen Interessen beinhalteten. Einfache „Spielregeln" wurden vereinbart: Als Grundvoraussetzung galt Vertrauen in den Gesprächspartner. Vertraulichkeit der Gespräche ermöglichte Offenheit. Zusätzlich erschien es angebracht, ein Abwerbeverbot für 24 Monate zu vereinbaren, da gut qualifiziertes Personal in allen Unternehmen knapp ist.

Das Mentoring-Programm wurde bewusst schlank gehalten. So gab es eine Auftaktveranstaltung, bei der nach einer allgemeinen Einführung die Rollen und Grenzen von Mentees und Mentoren aufgezeigt wurden. Als Empfehlung wurde mitgegeben, persönliche Treffen möglichst alle vier bis sechs Wochen durchzuführen. Nach einem halben Jahr gab es eine Zwischenveranstaltung, auf der Feedback für die Programmarchitektur und deren Inhalte eingeholt wurde. Obwohl das Projekt bis zur

Realisierung ein rein theoretisches war, zeigten die Erfahrungen aus der Praxis, dass keine Anpassungen erforderlich waren. Nach insgesamt zwölf Monaten wurde das Pilotprojekt offiziell beendet. Nicht wenige der Tandems arbeiten allerdings noch heute zusammen.

Einige Unternehmen haben ihre Mitbestimmungsgremien von vornherein einbezogen. Bei Lufthansa hingegen wurde dieses Programm immer als Gespräche zwischen zwei Individuen verstanden, nicht als Fortbildung, auch nicht als Personalentwicklungsmaßnahme. Damit entfiel die Notwendigkeit, die Mitarbeitervertretung einzubeziehen. Da Karrierewege nie monokausal sind, lassen sich die bereits erfolgten Veränderungen bei den Mentees nicht eindeutig auf die Mentoringgespräche zurückführen – ein weiteres Argument, dieses Programm in einem mitbestimmungsfreien Raum zu etablieren.

Sollte in dieser Aussage möglicherweise ein Indiz für eine gewisse Mitbestimmungsfeindlichkeit gesehen werden, so trügt dieser Eindruck. Lufthansa hat traditionell – schon aufgrund ihrer in der Vergangenheit großen Nähe zum Öffentlichen Dienst – eine starke Mitbestimmungskultur. Während die Gesamtbewertung der Mitbestimmung durchaus positiv ausfällt, kann nicht geleugnet werden, dass viele Prozesse durch mitbestimmungsrechtlich vorgeschriebene Verfahren großen Zeit- und Diskussionsaufwand erfordern. Auch liegen die Kompromisse, die schließlich gefunden werden müssen, bisweilen auch ziemlich entfernt von der ursprünglichen Intention der Geschäftsleitung. Da es sich bei dem vorliegend beschriebenen Modell um ein Pilotprojekt handelte, das unter anderem von seiner Schlichtheit und seiner Schnelligkeit in der Umsetzung lebte, hat man hier – im übrigen durchaus guten Gewissens! – den mitbestimmungsfreien Raum gewählt. Es wurde im Unternehmen nicht als Überraschung gewertet, dass die Mitbestimmungsgremien, nachdem sie von den Vorgängen Kenntnis erhalten hatten, keinerlei Einwände äußerten und keine Mitbestimmungsrechte reklamierten. Im Gegenteil: Den Erfolg, den das Projekt inzwischen unzweifelhaft gehabt hat, begrüßten sie ausdrücklich.

In der zweiten Generation des Cross-Mentorings waren 32 Tandems – mit einer unterschiedlichen Anzahl an Mentees je Unternehmen - aus nunmehr acht Unternehmen vertreten. Zu den Pilotunternehmen gesellten sich Bosch, Fraport (Flughafen Frankfurt), Merck und Procter & Gamble. Das Programm wurde auf ganz Deutschland ausgeweitet, wobei Mentee und Mentor in derselben Stadt berufstätig waren. Die einzige Programmmodifikation gegenüber der Pilotphase bestand darin, dass es für die Mentees zum Zwecke der besseren Vernetzung untereinander zwei weitere Zwischenveranstaltungen gab. Eine widmete sich dem Thema „Selbstmarketing", die andere befasste sich mit „Balance zwischen Arbeit und Freizeit".

Das Cross-Mentoring befindet sich gegenwärtig in der dritten Generation mit inzwischen 60 Tandems aus den selben acht Unternehmen.

Aufgrund des großen Erfolges des ersten Cross-Mentorings entstand innerhalb des Lufthansa-internen Netzwerkes „Managerinnentag" der Wunsch nach einem internen Mentoring. Bei dem Managerinnentag handelt es ich um vier bis fünf Veranstaltungen pro Jahr zu Spezialthemen der Chancengleichheit für weibliche Führungskräfte der Lufthansa. Der Bitte wurde entsprochen. Bei diesem Programm sind die Managerinnen Mentees, die Mentoren sind sämtlich Topmanager der ersten Führungsebene. Beim Matching der Tandems wurde darauf geachtet, dass Mentee und Mentoren verschiedenen Konzerngesellschaften oder Bereichen angehörten. Dieses Programm ist noch schlanker, da es sukzessive gestartet wurde und es keine Rahmenveranstaltungen gab.

Aus dem Kreis des Managerinnentages entstand im Herbst 2000 auch das so genannte „Nachwuchs-Mentoring". Bei diesem sind die Managerinnen die Mentorinnen. Die Mentees sind männlich oder weiblich und bekleiden noch keine Führungsposition.

Im Kontext mit Mentorings für Frauen taucht oft die Frage auf, warum es keine solchen Programme für Männer gibt. Das Hauptargument für ein Mentoring für Frauen liegt in der Tatsache begründet, dass sich Männer in aller Regel inoffizielle Mentoren suchen. Jeder erfolgreiche Manager kann auf Anhieb mindestens einen Menschen nennen, der für seine Entwicklung eine Mentorenrolle gespielt hat. Bei Frauen ist dies bisher wesentlich seltener anzutreffen. Außerdem entstehen möglicherweise unsachliche Nebengedanken, wenn eine – zumal junge – Frau einen potentiellen Mentor anspricht.

Auf die Frage, ob ein internes oder ein externes Mentoring mehr Vorteile bietet, lässt sich keine klare Antwort finden. Es hängt vielmehr von dem Ziel ab, das man mit Mentoring erreichen möchte. Das unternehmensübergreifende Mentoring gewährt Anonymität. Das heißt, weder Mentor noch Mentee können bei der Schilderung von praktischen Beispielen die handelnden Personen erraten. Dies gilt für interne Mentorings nicht ohne weiteres. Allerdings sind hier bei beiden handelnden Personen die Branchen- und Betriebskenntnisse besser. Außerdem könnte der Mentor bzw. die Mentorin eher einmal pro-aktiv eingreifen, obwohl dies ausdrücklich nicht zu der Rolle des Mentors gehört. Gleichwohl mag es ein Mentor für sinnvoll erachten, von diesem Grundsatz abzuweichen und von seinen persönlichen Kontakten doch Gebrauch zu machen. Ein unternehmensübergreifendes Mentoring bietet demgegenüber die zusätzliche Möglichkeit, Unternehmenskulturen miteinander zu vergleichen. Das heißt also, dass zunächst das Ziel, das mit Mentoring erreicht werden soll, klar definiert werden muss. Daraus ist ableitbar, ob ein internes oder externes Mentoring besser geeignet ist.

Innerhalb der Lufthansa haben die Mentoringprogramme die Akzeptanz des Themas „Chancengleichheit" erhöht. Dies erschien mehr als ein Seiteneffekt, denn als ein geplantes Ziel. Durch die Einzelgespräche kam es zu einem Austausch innerhalb der Tandems über Wunsch und Wirklichkeit. Das heißt, die Mentoren haben erfahren können, welche Fragen sich jungen Frauen im Berufsleben stellen, wie sie die Arbeit wahrnehmen und welche Obstruktionen sie erfahren. Die Mentoren können ihre Erfahrungen und ihr Organisationswissen („versteckte Spielregeln") weitergeben. Dies ist der eigentliche Kern der Mentoringprogramme für Frauen.

Aus der Praxisbeobachtung von Mentoren gibt es verschiedene Rückkopplungen. So reflektiert einer: „Immer wieder wird auch die Frage gestellt, welchen Profit denn der Mentor von dieser Zweierbeziehung hat." Eigentlich ist diese Frage unzulässig, denn in erster Linie ist dieses Verhältnis darauf angelegt, dass der eine der anderen etwas gibt und nicht umgekehrt. Auch Mentor hat Telemach mit Sicherheit nicht danach gefragt, was denn dieser ihm, dem Älteren geben könne. Dennoch, ein Einblick in die Arbeitssphäre der jüngeren Kolleginnen, eine Bewertung der Art und Weise, wie diese ihre Arbeit verrichten, bringt es zwangsläufig einen Erkenntniszugewinn beim Mentor. Aber er wird sich auch gefallen lassen müssen, danach gefragt zu werden, ob er denn die Thesen, die er vertritt, selbst lebt.

Das heißt, die Frage nach der Balance zwischen Beruflichem und Privatem wird zu einem zentralen Thema. Der Mentor wird lernen, Geduld zu haben, wird seine Fähigkeit, aktiv zuzuhören, gebrauchen und er wird seine Merkfähigkeit schulen, denn nichts ist schlimmer, als wenn Dinge, die die Mentee gesagt hat, vom Mentor vergessen, statt reflektiert werden.

Noch einmal zum Thema „Balance": Es ist durchgängig erkennbar, dass junge Führungskräfte gerade in diesen Feldern Defizite haben, nämlich dabei, ein gesundes und ausgewogenes Nebeneinander von Berufspflichten und Privatneigungen herzustellen. Sie leiden zwar oft unter dem absoluten Primat des Berufes, ordnen sich ihm jedoch unter in der Hoffnung, es baldmöglichst sehr weit zu bringen. Auf der Basis materieller Unabhängigkeit – so die Vorstellung nicht weniger Nachwuchskräfte – könne man sich dann dem widmen, was bis dahin aufgrund der beruflichen Belastung zu kurz gekommen war. Eine wichtige Frage des Mentors sollte daher lauten: „Was glauben Sie, wie Sie Ihr zurückliegendes Leben bewerten werden, wenn Sie 50 Jahre alt sind? Sollten Sie dann lediglich auf Ihre beruflichen Erfolge stolz sein und annehmen, dass darin der Sinn Ihres Lebens lag, haben Sie mit Sicherheit wesentliche Facetten des Daseins nicht erkannt und nicht gelebt."

Allerdings dürfen grundsätzlich die Erwartungen beim Mentoring nicht zu hoch geschraubt werden. Selbst bei ähnlich strukturierten Konzernen/Unternehmen sind die Unterschiede in den Organisationen doch so groß, dass man nicht ohne weiteres einen Wissenstransfer vollziehen kann. Was indessen immer vergleichbar ist, sind die Konstellationen und Konflikte im weitesten Sinne, die sich aus dem Zusammenwirken von Menschen mit unterschiedlichen Aufgaben und von unterschiedlicher Herkunft ergeben.

Die Erfahrungen, die eine obere Führungskraft im Laufe eines langen Berufslebens macht, sind durchaus geeignet, als „Anschauungsmaterial" für jüngere Führungskräfte zu dienen. Die Reaktionen des Menschen auf bestimmte Situationen oder Herausforderungen weichen nicht so stark voneinander ab, als dass man aus ihnen nicht allgemein gültige Handlungsempfehlungen ableiten könnte. Dabei sollten sich die Mentoren jedoch davor hüten, ihre Mentee ständig mit Geschichten ihrer eigenen Erfolge zu versehen. Das ist eher entmutigend denn beflügelnd. Ganz abgesehen davon, haben sich Zeiten und Umstände erheblich verändert, so dass aus der schlichten Schilderung des Erlebten in der Regel kein karrierefördernder Extrakt zu gewinnen ist. Besser erscheint es, auf der Basis der gemachten Erfahrungen zu reflektieren, was man als Mentor in der gegebenen heutigen Situation machen würde. Dieser Überlegung sollte sich dann eine gemeinsame Prüfung anschließen, ob hieraus eine aktuelle Handlungsempfehlung herzuleiten ist. Unverzichtbar ist dabei, dass die Überzeugung der Mentee gewonnen wird und sie nicht etwa aus „Achtung" vor dem Mentor etwas tut, wovon sie im Innersten nicht überzeugt ist. Das würde zu schlechten Ergebnissen führen, die letzten Endes auch das Verhältnis zwischen Mentor und Mentee belasten würden. Hier sind also Sensibilität und kritische Zurücknahme des Mentors gefragt.

Des weiteren kann die Mentee auch aus den Niederlagen ihres Mentors etwas lernen, falls er sie ungeschminkt und ohne Eigenglorifizierung vermittelt. Gerade der Umgang mit Niederlagen ist für die persönliche Entwicklung eines jungen Menschen ungleich wichtiger, als das Aneinanderreihen von Erfolgen. Anders gesagt, es ist nicht entscheidend, eine Niederlage zu erleiden, sondern es kommt darauf an, wie man damit umgeht. „Wo Fehler sind, da ist auch Erfahrung"[110].

Bei den Feedbackgesprächen unter den Mentoren und – wenigen – Mentorinnen stellte sich auch die Frage, inwieweit sich ein Mentor mit Fragen des Privatlebens der Mentee zu befassen habe. Einige wollten beide Bereiche strikt voneinander trennen. Andere vertraten die Auffassung, dass sie keine Chance haben würden, unbeeinflusst über berufliche Belange zu sprechen, wenn das Privatleben der Mentee derart ungeordnet sei, dass es einen großen Teil ihrer Aufmerksamkeit beanspruche. Seitens des Organisationsteams gab es hierzu keine ausdrückliche Empfehlung, weil die Mentoren es ohnehin unterschiedlich und sehr individuell handhaben sollten.

Wenn man den Ursprung des Mentorings, also die Beziehung zwischen Mentor und Telemach als Idee betrachtet und davon ausgeht, dass es um Facetten der Persönlichkeit geht, dann wird klar, dass Fragen der Abgrenzung individuell zu beantworten sind. Letztlich richtet es sich nach dem Umfang des gegenseitigen Vertrauens, wie viel eine Mentee ihrem Mentor erzählt.

6.1.3. Personalentwicklung

Die Qualifizierung und Weiterentwicklung des Personals sind zentrale Aufgaben eines jeden Unternehmens in der Wirtschaft, besonders in der Wissensökonomie, in der neben Arbeit, Kapital und Boden nunmehr Wissen zum entscheidenden Produktions- und Wettbewerbsfaktor geworden ist. Wissen bedeutet hier nicht die reine Aneinanderkettung,

---

[110] Anton Tschechow

sondern die gezielte Auswahl und die professionelle Verknüpfung von Informationen.

Personalentwicklung erfolgt bei Lufthansa grundsätzlich geschlechtsneutral. Das hat lange Tradition und wird nicht ernsthaft bestritten werden können. Entscheidungen für oder gegen einen bestimmten Menschen zur Übernahme einer Führungsaufgabe erfolgen nach dem Kompetenzmodell (siehe Abb. 5), das neben der fachlichen auch die methodische, soziale und persönliche Kompetenz als Grundvoraussetzung fordert. Glaubte man früher einmal[111], Frauen führten sozialkompetenter als Männer, so haben dies andere Untersuchungen[112] inzwischen widerlegt. Gertraude Krell[113] weist mittels Literaturrecherche nach, dass sich letztlich jede Behauptung von besserer oder schlechterer Führung des einen oder anderen Geschlechtes belegen lässt – ohnehin ein überflüssiger Streit. Insbesondere bei den früher eher Frauen attribuierten Sozialkompetenzen haben die Männer entweder dazugelernt oder aber das diese Eigenschaften nunmehr wertschätzende Umfeld. Auch verbergen sie diese Kompetenzen offenbar nicht länger. Auf jeden Fall lässt sich heute beobachten, dass soziale Kompetenz geschlechtsunabhängig vorhanden ist oder nicht. Es verfügt nicht automatisch jede weibliche Führungskraft über ausgeprägte soziale Kompetenzen. Dies mag zum Teil auch daran liegen, dass am Ende der rein männlich geprägten Industriegesellschaft überwiegend solchen Frauen der „Aufstieg" gelang, die sich in der – männlichen – Arbeitswelt besonders gut zurechtfanden, also hohe männliche Führungseigenschaften besaßen.

Ein weiterer Grundsatz für die Personalentwicklung innerhalb der Lufthansa ist der, dass es sich hierbei nicht um eine reine Bringschuld des Unternehmens handelt. Wer bei diesem Thema eine abwartende Haltung einnimmt, kann mitunter viel Zeit verlieren. Allerdings lautet die Alternative nicht Ungeduld. Ist es doch auch eine Frage der sozialen Kompetenz, richtig einschätzen zu können, wann der Zeitpunkt günstig und angemessen für eine persönliche Entwicklungsmaßnahme ist. Im übrigen ist der Ansatz für Personalentwicklung integrativ, das heißt, eine Separierung nach Geschlecht findet grundsätzlich nicht statt.

Bei der Operationalisierung der Personalentwicklung gibt es jedoch im Rahmen der freiwilligen Weiterbildung einige wenige Frauenseminare[114], die eher Katalysatorwirkung entfalten sollen als zu spalten. Mit dieser Art von Weiterbildung soll „Employability" erhalten oder hergestellt werden. Dort werden keine betrieblich erforderlichen Fortbildungen durchgeführt, sondern eher „nice to have"-Veranstaltungen – also Fremdsprachen, Computerkurse, Wirtschaftskurse und andere neben den in Fußnote 114 genannten.

---

[111] Sally Helgesen, „Frauen führen anders"

[112] Wunderer, Rolf und Petra Dick (Hrsg.), „Frauen im Management. Kompetenzen, Führungsstile, Fördermodelle"

[113] in ihrem Herausgeberbuch, „Chancengleichheit durch Personalpolitik" im Kapitel Vorteile eines neuen weiblichen Führungsstils – zur Fragwürdigkeit einer derzeit vielstrapazierten Behauptung

[114] „Frau im Beruf – Durchsetzungsstrategien", „Frauen als Führungskräfte", „Frauen sind anders – Männer auch", „Sicherheitstraining für Frauen", „Rhetorik für Frauen"

Die Trennung zwischen Lernen in der Freizeit und während der Arbeitszeit löst sich zunehmend auf: Nur betrieblich dringend erforderliche Kurse finden ausschließlich während der Arbeitszeit statt. Bei den weiterqualifizierenden erwartet das Unternehmen, dass auch Freizeit eingebracht wird. Daher finden einige Veranstaltungen zum Teil an Wochenenden statt. Lufthansa stellt jedoch Lehrkräfte, Lernmaterial und Räume zur Verfügung. Anfängliche Skepsis hinsichtlich der Bereitschaft des Adressatenkreises, hier ein eigenes (Zeit-) Opfer zu bringen, ist durch das große Interesse an dieser Art Weiterbildung widerlegt worden.

Lufthansa entwickelt sich – wie andere fortschrittliche Unternehmen auch – von einer funktional organisierten zu einer durch zunehmende Projektarbeit prozessorientierten Netzwerkorganisation. Daher verlieren die zum Teil noch vorhandenen pyramidalen Strukturen an Bedeutung. Damit ist nach und nach für jede Analogie in der Personalentwicklung das Ende abzusehen. Dennoch: Eine Bildungspyramide (Abb.6) verdeutlicht, dass es für unterschiedliche Ebenen noch immer verschiedene Angebote gibt. Dabei wird das Grundkonzept der „Lufthansa School of Business" (Corporate University, die als beste Europas ausgezeichnet wurde), die auf die Qualifizierung der Führungskräfte und des Führungsnachwuchses zielt, auf der einen Seite und das der „Academies"[115] (Qualifikation zum Teil dezentral) auf der anderen Seite verfolgt.

---

[115] Diese widmen sich der Qualifikation der Mehrzahl der Mitarbeiter und Mitarbeiterinnen, bilden also den sogenannten „Breitensport".

Managementprogramme und Organisations-
entwicklung

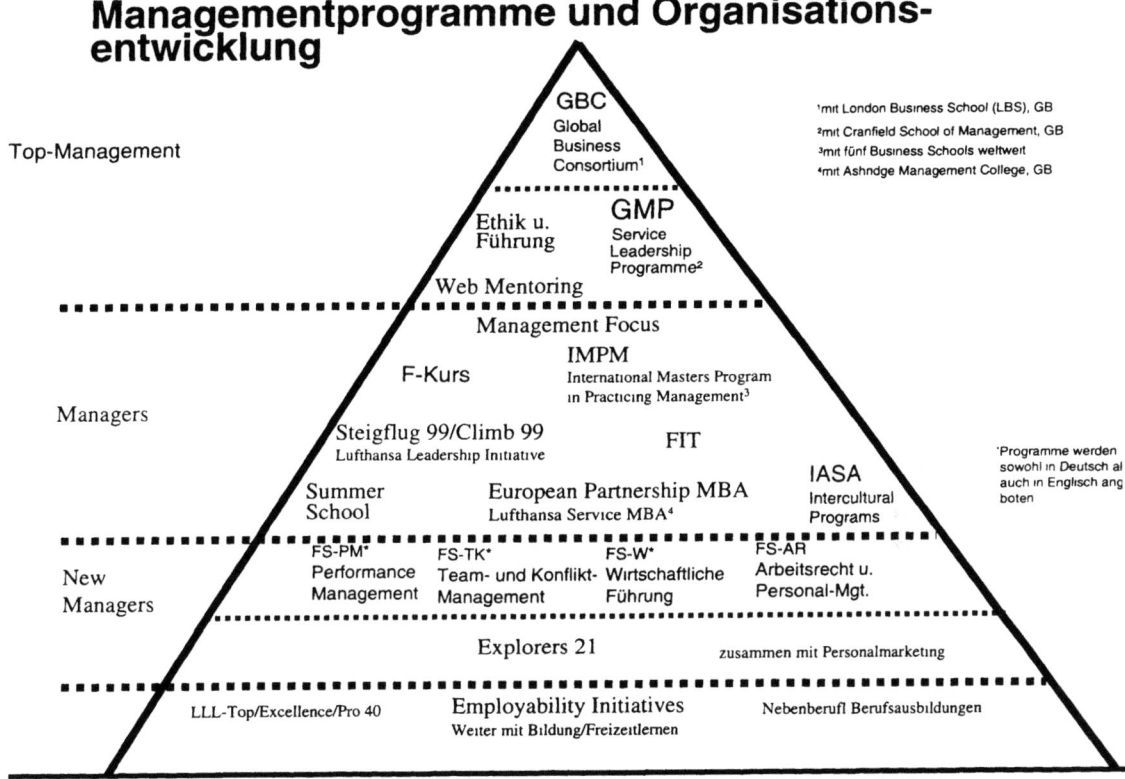

Abb. 6: Bildungspyramide

6.1.4. Frauen- und Männerdomänen

Von Frauen- oder Männer-"Domänen[116]" spricht man, wenn ein Geschlecht in jeweils einer Berufsgruppe zahlenmäßig deutlich überrepräsentiert ist. Bei Lufthansa sind Männerdomänen der Pilotenberuf, der operative Teil der Technik und die Führungsfunktionen. Die Frauendomänen sind die Sekretariate, viele Sachbearbeiteraufgaben, alle kundennahen Berufe und Tätigkeiten und Personalfunktionen. Auch wenn nicht davon ausgegangen werden kann, dass Chancengleichheit dann erreicht ist, wenn alle Berufe ausgewogen von Frauen und Männern ausgeübt werden, so gilt bei Lufthansa vorrangig der Beseitigung von Barrieren das Augenmerk. Wenn Frauen (oder umgekehrt Männer) sich für bestimmte Berufe gar nicht erwärmen können, kann ein Unternehmen im schulischen Umfeld

---

[116] S. auch Kap. 4.3.

Marketing dafür betreiben. Dennoch zeigen verschiedene Maßnahmen dieser Art, die Lufthansa durchgeführt hat, dass der Erfolg zu wünschen übrig lässt. Berufswahlentscheidungen haben ihren Ursprung offenbar so tief und früh, als dass Unternehmen einen rechtzeitigen Zugang zu ihnen finden können.

Auch wenn in den letzten 12 Jahren, seitdem Frauen in Cockpitberufe eingestellt werden, ihr Anteil auf nunmehr 2,4 Prozent[117] angestiegen ist, so ist dies noch immer weit entfernt von einer Gleichverteilung. Es wurde bereits erwähnt, dass sich nicht sehr viele Frauen bewerben, so dass sich ihr Anteil am Cockpit-Personal nur sehr langsam vergrößern wird.

Die Situation in den einzelnen Berufsgruppen, in denen jeweils ein Geschlecht über- beziehungsweise unterrepräsentiert ist, wurde ausführlich in Kapitel 4 beschrieben. Das soll hier nicht wiederholt werden.

Wenn ein Unternehmen das Ziel verfolgt, mehr Frauen in Fach- und Führungspositionen zu bringen, dann stellt sich ihm unmittelbar die Frage nach der Arbeitsbewältigung im Privaten. Dies ist jedoch ein „off shore"-Bereich, der Unternehmen eigentlich nichts angeht. Auch wenn etwa die Hälfte der Frauen in einer Führungsposition keine Kinder und damit kein so gravierendes organisatorisches Problem hat, so erfährt die andere Hälfte demgegenüber zum Teil erhebliche Schwierigkeiten. Dies gilt insbesondere dann, wenn auch der Partner beruflich stark eingespannt ist. Frauen bleiben in Führungsaufgaben solange eine Minderheit, wie das Vereinbarkeitsproblem nicht flächendeckend gelöst ist. Dabei können Unternehmen nur unterstützend das ausgleichen, worin die Gesellschaft säumig ist. Es ist jedoch eine ureigene Aufgabe des Staates, für wettbewerbsunterstützende Rahmenbedingungen, also auch für die Bereitstellung eines Angebotes an Ganztagsbetreuung für Kinder und Jugendliche aller Altersstufen zu sorgen. In den Staaten, in denen die Vereinbarkeitsfrage besser gelöst ist, liegt die Erwerbsquote der Frauen darum auch deutlich höher. Dem Arbeitsmarkt müssen alle Menschen, die arbeiten möchten, zur Verfügung stehen können, damit bei Stellenbesetzungen eine wirkliche Bestenauswahl stattfinden und überhaupt der Bedarf an gut qualifizierten Kräften gedeckt werden kann.

Es kommen immer mehr Unternehmen, inzwischen auch die Bundesregierung auf den Gedanken, den Männern echte Chancengleichheit zu eröffnen: Frauen haben die Wahl zwischen Beruf, Familie oder Beruf mit Familie; Männer kulturell bedingt meist keine Wahl. Ihnen bleibt nur der Beruf. Wenn jedoch bei einem Paar beide Partner 75 Prozent der Arbeitszeit arbeiteten – oder leichter zu realisieren, da in diesem Fall zum Beispiel eine Viertagewoche entstehen würde: 80 Prozent – würde wohl noch nicht die „Karrierefalle" zuschnappen. Dies könnte eine Lösungsvariante darstellen; weitere sind denk- und realisierbar, um auch den Männern die Optionen zu erweitern.

---

[117] „Bericht Personal 2000/2001"

6.1.5. Netzwerke

Lufthansa engagiert sich in verschiedenen Netzwerken, die sich im weiteren Sinne mit Chancengleichheit[118] befassen, obwohl das Unternehmen sowohl im Hinblick auf Personalentwicklung als auch im Hinblick auf die Arbeitswelt insgesamt einen integrierten und integrierenden Ansatz verfolgt. Dennoch kann es manchmal notwendig sein, von diesem Grundsatz Ausnahmen zu machen, um einen Prozess schneller in Gang zu bringen. Ein Austausch über Ursachen für Schwachstellen kann unter Betroffenen ideologiefreier erfolgen als unter Einbezug aller Gruppierungen.

6.1.5.1. Forum Frauen in der Wirtschaft

Seit 1992 gehört Lufthansa dem „Forum Frauen in der Wirtschaft" an, eine Initiative, die die Chancengleichheit von Frauen im Berufsleben vergrößern und den Frauenanteil auf allen Führungs- und Qualifikationsebenen erhöhen möchte. Dazu   erarbeitet sie gemeinsam Maßnahmen zur besseren Vereinbarkeit von Familie und Beruf und zielt auf den Abbau von Vorurteilen und Rollenklischees. Zum Forum gehören inzwischen 18 Großunternehmen, die alle mindestens 5.000 Mitarbeitende beschäftigen und privatwirtschaftlich organisiert sind. Es sind dies: Aventis, Bayer, Bosch, BP, Commerzbank, DaimlerChrysler, Deutsche Bahn, Deutsche Bank, Deutsche Lufthansa, Deutsche Telekom, Fraport (Flughafen Frankfurt), LSG Sky Chefs, Merck, Philips, Schering, Axel Springer Verlag, Volkswagen und Volkswagen Bank.

Zweimal im Jahr kommen die „Beauftragten für Chancengleichheit", „Gleichstellungsbeauftragten" oder „Projektleiter/-innen für Chancengleichheit" zusammen und tauschen Erfahrungen und Konzepte aus. Auf diese Art „rechnet" sich ein Engagement für die beteiligten Unternehmen. Das Forum beteiligte sich bereits mehrfach an der „top-Messe"[119] in Düsseldorf.

6.1.5.2. Total E-Quality

Die meisten Forums-Unternehmen erhielten für ihre an Chancengleichheit orientierte Personalpolitik das Prädikat von Total E-Quality[120]. Dieser 1995 durch einen wichtigen Impuls von Gillian Shapiro[121] entstandene Verein unterstützt in seinem Grundkonzept das freiwillige Engagement von Unternehmen, statt weitere Reglementierungen zu fordern. In sieben Kategorien können sich Unternehmen einer Selbsteinschätzung unterziehen. Eine Jury, die die Tarifvertragsparteien einschließt, prüft die Unterlagen und empfiehlt die potenziellen Prädikatsträger.

---

[118] Die Rede ist hier von diversen „Frauennetzwerken", die im Folgenden präziser beschrieben werden.
[119] Eine Veranstaltung, die sich im umfassenden Sinn mit den verschiedensten Aspekten des Lebens der Frauen befasst; www.top-frauenmesse.de.
[120] Homepage: www.total-e-quality.de
[121] Sie legte mit der Verknüpfung von TQM und E-Quality – „E-Quality driven Total Quality" den Grundstein, siehe auch Fußnote 91.

Die sieben Aktionsbereiche sind: Beschäftigungssituation von Frauen im Unternehmen; Personalbeschaffung, Einstellung, Nachwuchsförderung; Personalentwicklung und Weiterbildung; Vereinbarkeit von Familie und Beruf; partnerschaftliches Verhalten am Arbeitsplatz; Institutionalisierung von Chancengleichheit; Chancengleichheit als Unternehmensphilosophie.

Bei jeder Einschätzung ist zu berücksichtigen, dass es das Idealunternehmen nicht geben kann, sondern dass stets unternehmensspezifische Belange zu beachten sind. So kann zum Beispiel ein Automobilunternehmen mit einem geringen Frauenanteil eine bessere chancengleiche Personalpolitik betreiben als eine Kaufhauskette mit einem hohen Frauenanteil. Daraus folgt, dass zum Beispiel reine Mitarbeiterzahlen allein noch kein Indikator für eine erfolgreiche Personalpolitik sind. Inzwischen haben 49 Unternehmen[122] das Total E-Quality-Prädikat verliehen bekommen.

6.1.5.3. Audit Beruf und Familie

52 Unternehmen haben sich bis heute dem von der gemeinnützigen Hertie-Stiftung initiierten Audit „Beruf und Familie" unterzogen, bei dem in zehn Handlungsfeldern – Arbeitszeit; Arbeitsabläufe und –inhalte; Arbeitsort; Informations- und Kommunikationspolitik; Führungskompetenz; Personalentwicklung; Entgeltbestandteile und geldwerte Leistungen; Service für Familien; personalpolitisches Datenmodell; Betriebsspezifika – auch die Dimension der Umsetzung, das heißt die Realisierung der Selbstverpflichtung, abgefragt werden. Das Audit ist wesentlich komplexer und zeitaufwendiger als das Total E-Quality-Verfahren, weil beim Audit der Grad der Umsetzung jeder einzelnen Maßnahme überprüft wird. Dies ergibt für die so auditierten Unternehmen eine sehr gute Status quo-Analyse. Die aufgewandte – nicht wenige – Zeit ist sinnvoll investiert. Mit der sich dem Verfahren anschließenden Grundzertifizierung werden auch individuelle Handlungsempfehlungen erarbeitet, die nach Ablauf von drei Jahren überprüft werden. Allen Audit-Unternehmen steht die durch das Verfahren gewonnene Datenbank als Anregung für weitere personalpolitische Konzepte zur Verfügung[123].

6.1.5.4. Europäische Akademie zur Förderung von Frauen in Politik und Wirtschaft Berlin e.V. (EAF)

Im Jahre 1964 ist in Berlin die Europäische Akademie entstanden. Entscheidend für ihren Außenauftritt ist, dass die handelnden Personen nicht in das Klagelied einiger Feministinnen einstimmen, die – anstatt zu handeln – Männern Schuldzuweisungen machen. Vielmehr hat es sich EAF auf die Fahnen geschrieben, durch Veränderungsmanagement an einem neuralgischen Punkt Wirkung zu entfalten. Neben verschiedenen anderen Aktivitäten werden junge Hochschulabsolventinnen in Form einiger mehrtägiger Blockveranstaltungen binnen eines Jahres auf Problemfelder

---

[122] Unter anderem Bayer, Deutsche Bahn, Deutsche Bank, IBM, Isolier Wendt und Lufthansa
[123] www.beruf-und-familie.de

hingewiesen, aber mit einem Blick für Lösungschancen und selbstverantwortliches Handeln im Arbeitsleben ausgerüstet. Das Motto der jungen Damen lautet daher: „In der Sache hart, in der Form verbindlich." Während des Jahres in der Akademie sind die Nachwuchskräfte Mentees bei Frauen, die schon in verantwortlichen Positionen sowohl in der Wirtschaft als auch in der Politik arbeiten.

Die EAF bietet zusätzlich einen Netzwerkrahmen, in dem zu speziellen Themen Veranstaltungen ausgerichtet werden.

6.1.5.5. Andere Netzwerke

80 Prozent aller Unternehmen in Deutschland haben weniger als 20 Mitarbeitende. Es ist klar, dass in diesen Betrieben kaum systematische Personalentwicklung stattfinden kann. Es gibt aber eine ganze Reihe von Frauennetzwerken, die zum Teil keine Organisations-, sondern eher Individualnetzwerke sind. Damit müssen sich aufgeschlossene Frauen (und Männer) andere Kreise für ihre Kommunikation zum Thema suchen. Zwei seien hier genannt, ohne Anspruch auf Vollständigkeit, noch auf Bewertung durch die Auswahl: European Women in Management Development Network (EWMD), Frauen im Management (FIM)[124].

Viele Unternehmen haben darüber hinaus interne Frauennetzwerke. Bei Lufthansa gehört dazu nur der in diesem Kapitel unter „Mentoring" beschriebene „Managerinnentag". Dies ist ein 1998 entstandener Zusammenschluss aller Frauen in den Leitungsebenen, den Managerinnen. Etwa vier- bis fünfmal im Jahr kommt dieser Kreis zusammen, um aktuelle Themen zu bearbeiten bzw. gemeinsame Projekte wie das Managerinnen- und das Nachwuchsmentoring zu initiieren.

Wie viel „Separatismus", das heißt wie viele „Zirkel" oder Zusammenschlüsse aus gleicher Interessenlage ein Unternehmen verträgt, bzw. wie viel ausdrücklich wünschenswert ist, muss jedes Unternehmen für sich herausfinden. Ziel kann nicht die Polarisierung der Geschlechter sein, die bereits in den drei vergangenen Jahrzehnten die Fronten eher verhärtet hat, als Brücken zu schlagen.

6.2. Vereinbarkeit von Beruf und Familie

6.2.1. Arbeitszeit

Die Natur der geschäftlichen Aktivitäten der Lufthansa führte in einigen Berufsgruppen seit Bestehen des Unternehmens zu „Arbeitszeitanforderungen" von fakultativ 24 Stunden an 365 Tagen im Jahr. Dabei verteilt sich die vereinbarte Arbeitszeitmenge auf den gesamten Zeitraum. Neben dem Fliegenden Personal gilt dies ebenfalls für die

---

[124] Homepages: www.eaf-berlin.de/ (EAF), www.emwd.de (EMWD), www.fim.de (FIM)

Technik, für die Fracht und für flugvor- und nachbereitende Berufsgruppen. Durch die Globalisierung einerseits und das Engagement in der Star Alliance[125] andererseits dehnen sich die Arbeitszeiten auch für administrative und konzeptionelle Aufgaben aus. Die Allianz-Partner sind in allen Zeitzonen der Welt anzutreffen. Telefonkonferenzen finden abwechselnd in der Arbeitszeit jeweils einer Airline statt. Das bedeutet, dass der Gesprächspartner, der in einer anderen Zeitzone zu Hause ist, sich auch einmal nachts um drei Uhr den Wecker stellen muss.

Bei der Deutschen Lufthansa AG arbeiten circa 60 Prozent der Mitarbeitenden nach Dienst- oder Einsatzplan, etwa 23 Prozent nach Schichtplan und 16 Prozent in Gleitzeit. Teilzeit gibt es über alle drei Arbeitszeitformen. (Abb. 7)

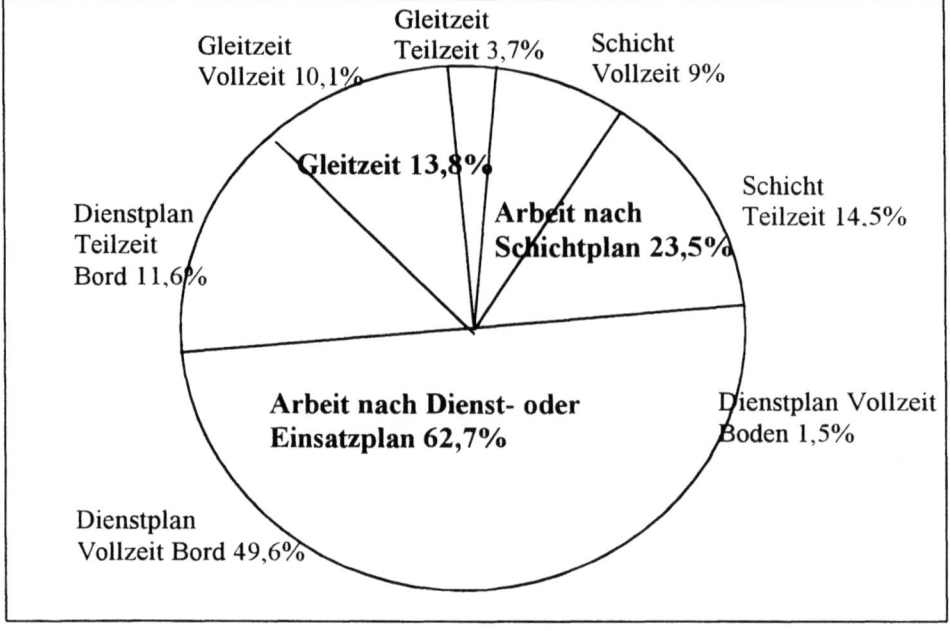

Abb. 7: Arbeitszeitformen

---

[125] einer Allianz von 15/16 Fluggesellschaften, zu denen: Air Canada, Air New Zealand, ANA – All Nippon Airways, Ansett Australia, Austrian Airlines, British Midland, Lauda Air, Lufthansa, Mexicana Airlines, SAS – Scandinavian Airlines System, Singapore Airlines, Thai Airways International, Tyrolean Airways, United Airlines, Varig gehören.

Lufthansa gehörte 1970 zu den Arbeitszeitpionieren[126]: Die gleitende Arbeitszeit wurde eingeführt. Inzwischen gibt es viele Überarbeitungen der entsprechenden Betriebsvereinbarung. Die aktuelle kommt ohne Kernarbeitszeiten aus und realisiert einen „win-win"-Gedanken bei der Einteilung durch den Mitarbeiter bzw. die Mitarbeiterin, sogenannte „Arbeitszeitsouveränität", wobei gleichzeitig und gleichwertig die betrieblichen Belange berücksichtigt werden.

Im Jahre 1992 ist tariflich der Rahmen für Jahresarbeitszeit geschaffen worden. Die betriebliche Umsetzung wurde durch lokale oder gesellschaftsbezogene Betriebsvereinbarungen flankiert. Beispielsweise in der Lufthansa-Technik AG waren in der Mitte der neunziger Jahre die Personalkapazitäten betrieblich nicht optimal und damit auch nicht sehr produktiv eingesetzt. Mit Einführung der Jahresarbeitszeit konnten die Produktivitätstäler ausgeglichen werden. Dasselbe gilt für andere Konzerngesellschaften.

Lufthansa hat im Jahre 1994 die Altersteilzeit eingeführt. Die sie betreffenden Regeln sind seitdem mehrmals überarbeitet worden. Praktiziert wird sie fast ausschließlich in Form von Verblockungen, das heißt, erst kommt der Arbeits-, dann der Freizeitblock. Im Kontext mit dem Know how-Erhalt wird es in Zukunft sicher auch noch andere Formen, aus dem Arbeitsleben zu „gleiten", geben.

Sabbaticals, also Freizeitblöcke, die durch Zeitguthaben oder durch Anpassung der Jahresvergütung finanziert werden, werden überwiegend von Projektverantwortlichen nach Abschluss eines Projektes und vor Beginn eines neuen genommen.

Zusammenfassend lässt sich sagen, dass mit dem Arbeitszeit-Management dem Grundgedanken, jeder Seite, soweit es geht, ihre individuellen Wünsche zu erfüllen, Rechnung getragen wird. Außer bei den Menschen, die nach Schicht- oder Einsatzplan arbeiten, ist jede Form der Vereinbarung denkbar. Der Phantasie sind nur Grenzen durch betriebliche Anforderungen und das Arbeitszeitgesetz gesetzt.

6.2.2. Reduzierte Arbeitszeiten

Im Kontext mit vereinbarkeitsfördenden Arbeitszeiten steht die Lufthansa in Bezug auf Teilzeit mit 22 Prozent[127] aller Mitarbeitenden in Deutschland sicher an vorderster Front. Interessant ist dabei zudem, dass von diesen 34 Prozent Männer sind (Abb. 8).

---

[126] s. dazu auch Kapitel 4
[127] Bericht Personal 2000/2001: Stand 31.12. 2001

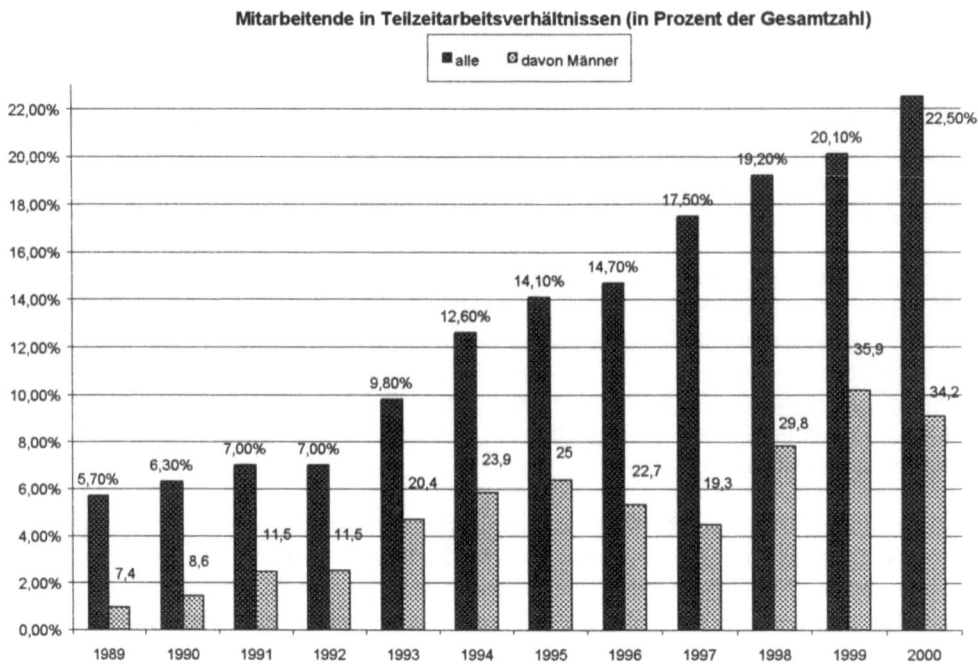

Abb. 8: Entwicklung Teilzeit

Die Ursache für die Teilzeitarbeit ist bei beiden Geschlechtern gewiss nicht hundertprozentig identisch, letztlich ist es für das Unternehmen aber auch unerheblich, welches die Motivation ist. In Abb. 8 kann man die Entwicklung der Teilzeit in den letzten elf Jahren ablesen.

In Kapitel 4 wurde auf die Geschichte der Lufthansa eingegangen. Unter anderem wurde ausgeführt, dass 8.500 Arbeitsplätze sozialverträglich abgebaut wurden[128]. Dies wurde einerseits durch ein breites Angebot an unbezahltem Sonderurlaub, andererseits durch eine erhebliche Zunahme der Teilzeitquote erreicht.

Beim Kabinenpersonal, also den Stewardessen und Stewards, gibt es eine sehr große Nachfrage nach Teilzeit. Da dort die Arbeit in Form von monatlichen Einsatzplänen verteilt wird, bieten sich monatsweise Lösungen zur Teilzeit an. Dadurch entsteht quasi ein „Job-Sharing", bei dem sich zwei Mitarbeitende einen Arbeitsplatz oder drei zwei teilen.

---

[128] Inzwischen haben ca 14.000 Menschen zusätzlich zum Fluktuationsersatz Arbeit bei Lufthansa gefunden.

Teilzeit für Führungskräfte bleibt auch bei Lufthansa ein Randthema. Immerhin ist es kein Tabu mehr, darüber zu diskutieren. Es gibt auf der Ebene der Abteilungsleitung bereits einzelne Führungskräfte, die einen Teilzeitvertrag haben. Flächendeckend ist dies sicher nicht möglich, aber auch nicht gewünscht. Die Schwierigkeiten fußen zum einen im Vertragswerk: In den Einzelverträgen verpflichtet sich die Führungskraft, ihre ganze Arbeitskraft[129] in den Dienst des Unternehmens zu stellen. Wie viel ist 80 Prozent von der ganzen Kraft? Bei Führungskräften wird eine Teilzeitentscheidung durch deren Vorgesetzte stets davon abhängen, ob es sich um eine Aufgabe mit einer großen Leitungsspanne – also meist hohem operativen Anteil – handelt oder mehr um eine thematische Verantwortung. Im letzteren Fall kann eine genaue Prüfung der Arbeitsorganisation[130] zu einer positiven Entscheidung führen. Jedoch sind zuvor Fragen wie Stellvertreterregelung, Übergabe der Entscheidungskompetenz und Ansprechbarkeit trotz Abwesenheit zu prüfen.

Die mehr und mehr verbreiteten Infrastrukturvoraussetzungen wie mobiles Telefon und Laptop garantieren die Ansprechbarkeit auch außerhalb der Büroanwesenheit.

6.2.3. Telearbeit

Telearbeit in der Ausprägung der alternierenden Tele- oder Arbeit von zu Hause gibt es im Lufthansa-Konzern bereits seit Mitte der neunziger Jahre. Allein stellt sie kaum eine Lösung zum Vereinbarkeitsproblem dar. In Verbindung mit organisierter Kinderbetreuung liegt hier ein positiver Ansatz. So wird sie auch mehr von Männern in Referenten- oder gar Führungsfunktion wahrgenommen[131]. Auf den oberen Führungsebenen gibt es jedoch signifikant bisher weder Teilzeit- noch Telearbeit. Ob dies aufgabenbedingt so bleiben muss oder ob es sich hier lediglich um ein sich lösendes Akzeptanzproblem handelt, wird sich zeigen.

6.2.4. Betrieblich geförderte Kinderbetreuung

Ein weiterer Baustein zur besseren Vereinbarkeit von Familie und Beruf ist in einigen Unternehmen die Betreibung eines Betriebskindergartens oder einer betriebsnahen Einrichtung[132]. Lufthansa ist allein in Deutschland hoch dezentralisiert. So „produziert" das Unternehmen an 34 Standorten in der Bundesrepublik. Die wirtschaftliche Leistungskraft würde es nicht erlauben, an allen Standorten Kindergärten anzubieten. Unabhängig davon vertritt Lufthansa die Auffassung, dass es Aufgabe der öffentlichen Hand ist, diese Infrastruktur bereitzustellen. Für den größten Standort Frankfurt wird seit

---

[129] Die Menge der wöchentlichen Arbeitszeit ist nicht festgelegt, wie auch nicht die Lage der Arbeitszeit. Es besteht Arbeitszeitsouveränität.

[130] Hierzu haben Michael Domsch und anderere Autoren in „Teilzeitarbeit für Führungskräfte. Eine empirische Analyse am Beispiel des hamburgischen öffentlichen Dienstes", eine sehr detaillierte Analyse vorgenommen und eine Liste von Pro-Argumenten geliefert.

[131] Für diesen Personenkreis ist das ungestörte Arbeiten von ausschlaggebender Bedeutung.

[132] Zur Unterscheidung: Ein „Betriebskindergarten" wird allein vom Unternehmen finanziert und gesteuert; eine „betriebsnahe Einrichtung" wird öffentlich kofinanziert und kontrolliert. S. auch Kap. 4.

Jahren immer wieder einmal der Versuch unternommen, eine betriebsnahe Einrichtung am Flughafen zu initiieren.

Um der Dezentralisierung Rechnung zu tragen, ist im Jahre 1993 ein Vertrag mit dem so genannten „Familienservice" geschlossen worden. Dieses in München gegründete und dort zunächst ansässige Unternehmen berät Lufthansa-Mitarbeitende in Fragen der Kinderbetreuung und vermittelt maßgeschneiderte Lösungen, als da sind: Tagesmütter, Kinderfrauen, öffentliche Einrichtungen, Au Pairs, Elterninitiativen oder andere. Lufthansa kommt – außer bei Au Pairs – für die Beratungs- und Vermittlungskosten auf. Die Betreuungskosten sind von den Eltern zu tragen.

Wegen der über ganz Deutschland verteilten Betriebe hat sich der Familienservice Mitte der neunziger Jahre über die gesamte Bundesrepublik ausgedehnt. Seit wenigen Jahren wird zusätzlich die Dienstleistung „elder care" angeboten, bei der für Eltern oder Schwiegereltern Betreuungslösungen gefunden werden.

6.2.5. Work-Life-Integration: Führungskräftebefragung

Im Winter 2000/01 hat der Personalvorstand der Lufthansa, Stefan Lauer, in Kooperation mit dem Institut für Personalmanagement der Freien Universität Berlin unter der Federführung von Professor Dr. Gertraude Krell eine Befragung der leitenden Führungskräfte der Ebene C (dritte Ebene unter dem Vorstand) in Deutschland durchführen lassen. Ausgehend von den Erkenntnissen, dass Personalgewinnung und – bindung oft auch von der Vereinbarkeit von Arbeit und Freizeit abhängt, ist das Thema auch darüber hinaus personalpolitisch relevant. Die Rücklaufquote lag mit 64 Prozent hoch, was großes Interesse an dieser Fragestellung signalisiert.

Aus den Antworten auf 22 Fragen zur Arbeitssituation, 18 zur außerberuflichen Situation, drei zur Person sowie der Möglichkeit zu offenen Kommentaren ergaben sich folgende Ergebnisse:

- Knapp 73 Prozent sind davon überzeugt, dass die Unternehmensattraktivität und die Loyalität der Führungskräfte steigt, wenn Belange der Vereinbarkeit Berücksichtigung finden.

- Für lange Arbeits- und Präsenzzeiten wurden verschiedene Ursachen genannt: Immerhin 89 Prozent[133] der Antwortenden betrachten die Freude an der Arbeit als Hauptmotivator für ihr berufliches (zeitliches) Engagement. Für 69 Prozent[134] ist die Menge der Arbeit ausschlaggebend. 52 Prozent reagierten auf die Erwartungen Dritter bezüglich der Ansprechbarkeit.

---

[133] Die jeweiligen Zahlen beziehen sich auf die Gesamtmenge der Antwortenden und nicht auf die der Befragten.
[134] Mehrfachnennungen waren immer dann zugelassen, wenn sie nicht im Widerspruch zueinander standen.

- Auch wenn ca. 58 Prozent angaben, Beruf und Familie sehr gut bis einigermaßen vereinbart zu bekommen, so stellt dies doch für 43 Prozent auch eine Herausforderung dar.

- Der Durchschnitt der selbst geschätzten wöchentlichen Arbeitszeit liegt bei 56 Stunden. Dabei arbeiten je ein Drittel weniger als 55 Stunden, eines zwischen 55 und 60 Stunden und das dritte mehr als 60 Stunden. Die Balance zwischen Arbeit und Freizeit hängt unmittelbar mit der wöchentlichen Arbeitszeit zusammen. Dienstreisen wurden in Menge und Dauer nicht als kritisch empfunden. Abb. 9 gibt Auskunft darüber, ab welcher Menge Arbeitszeit als belastend empfunden wird.

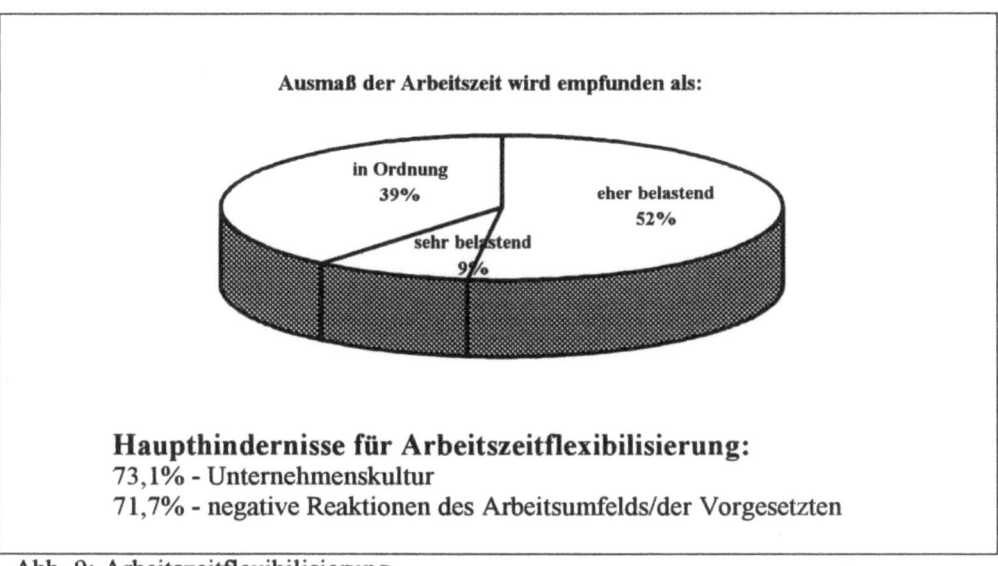

Ausmaß der Arbeitszeit wird empfunden als:

in Ordnung 39%

eher belastend 52%

sehr belastend 9%

Haupthindernisse für Arbeitszeitflexibilisierung:
73,1% - Unternehmenskultur
71,7% - negative Reaktionen des Arbeitsumfelds/der Vorgesetzten

Abb. 9: Arbeitszeitflexibilisierung

- Je höher der Stellenwert des Privatlebens gegenüber der beruflichen Entwicklung ist, desto besser können die Befragten beide Bereiche balancieren.

- Auf die Frage, wofür die Führungskräfte gerne mehr Zeit hätten, antworteten (Abb.10) 82 Prozent für den/die (Ehe-)Partner/-in, 77 Prozent für Freizeit und Hobby, 55 Prozent für Kinder, 41 Prozent für Bildung, 40 Prozent für Kontakte zu Verwandten und Freunden. Interessant ist hier der Unterschied zwischen Frauen und Männern: Bei dem Wunsch, mehr Zeit für Kinder zu haben, scheint das tatsächliche Betreuungsdefizit bei Männern größer. Sie äußerten zu fast 60 Prozent diesen Wunsch; Frauen weniger als 30 Prozent. Bei Freunden und Verwandten haben Frauen größere Wünsche als Männer – 70 Prozent zu 35. Besonders auffällig ist der Unterschied zwischen den Geschlechtern in puncto Zeitwünsche für Bildung. 72 Prozent der Frauen hätten dafür gerne mehr Zeit, aber nur 36 Prozent der Männer.

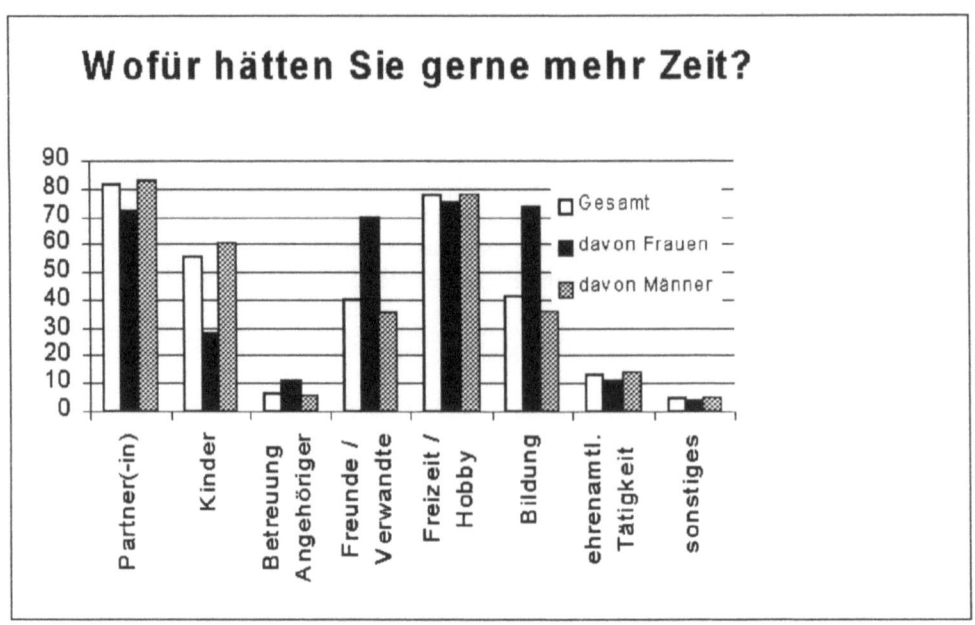

Abb. 10: Wofür hätten Sie gerne mehr Zeit?

- Diese Unterschiede können eine gewisse „Sättigung" jeweils des einen Geschlechts bedeuten, können aber auch unterschiedliche Stellenwerte repräsentieren.

- Nur 57 Prozent haben den Wunsch nach mehr Flexibilität von Arbeitszeit und -ort geäußert. Insbesondere richtete er sich auf mobile oder Telearbeit. Aber auch Wünsche wie Sabbaticals, Arbeitszeitreduzierungen und „Urlaub wirklich zu nehmen" sind als Lösungen für eine bessere Vereinbarkeit von Arbeit und Privatleben genannt worden.

- Auf die Frage, ob die Führungskraft zumindest zeitweise in reduzierter Arbeitszeit wirken möchte, bejahten dies 58 Prozent, 42 verneinten. Die Realisierung dieser Wünsche scheitere zu 73 Prozent an der Unternehmenskultur und zu 72 Prozent an erwarteten negativen Reaktionen des Arbeitsumfeldes bzw. der Vorgesetzten. Nur 11 Prozent gaben finanzielle Gründe an.

- Zur Situation der befragten Frauen (Abb. 11): Diese sind durchschnittlich jünger als ihre männlichen Kollegen: 83 Prozent der Frauen sind jünger als 45 Jahre, 57 Prozent der Männer. Frauen üben ihre Tätigkeit als Führungskraft noch nicht so lange aus: Frauen haben im Durchschnitt 4,6 Jahre, Männer 9,2 Jahre Erfahrung in Führungspositionen. Weibliche Führungskräfte leben seltener in einer Ehe oder festen Partnerschaft in einem Haushalt: 83 Prozent der Frauen, 95 Prozent der Männer. Die (Ehe-)Partner sind zu 95 Prozent berufstätig, wogegen die (Ehe-)

Partnerinnen der männlichen Führungskräfte nur zu 59 Prozent einer Erwerbsarbeit nachgehen. 81 Prozent der Partner der weiblichen Führungskräfte arbeiten mehr als 40 Stunden je Woche, aber nur 47 Prozent der Partnerinnen männlicher Führungskräfte.

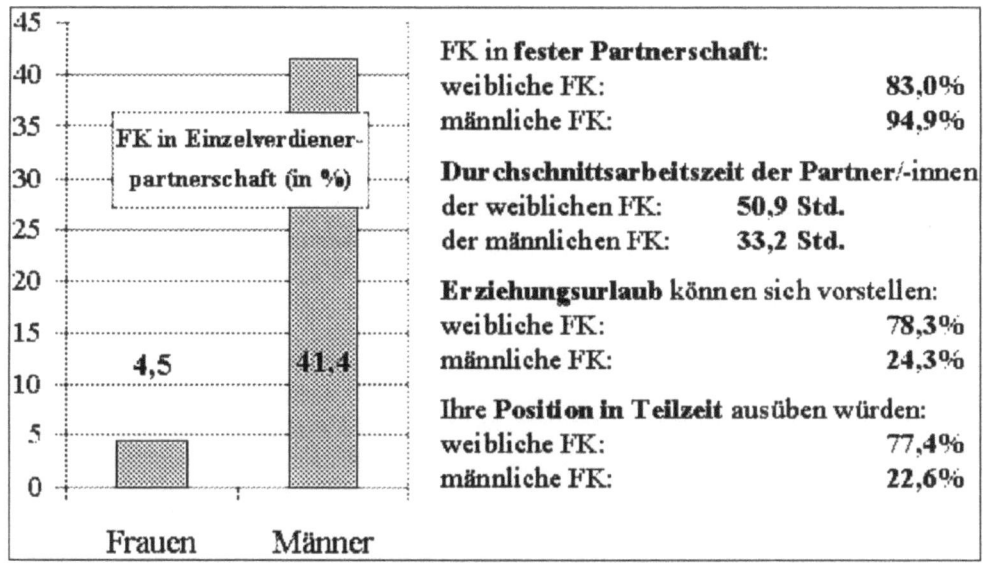

Abb. 11: Gender- und Partneraspekte

Frauen arbeiten ähnlich viel wie ihre männlichen Kollegen – 56,6 vs. 56,3 Wochenstunden – sind aber seltener auf mehrtägigen Dienstreisen (7,5 Prozent vs. 24 Prozent). Die befragten Frauen geben in ähnlichem Maße wie Männer an, berufliche Kompromisse zu Gunsten ihres Privatlebens gemacht zu haben, nennen ähnliche Faktoren, die das Ausmaß ihres beruflichen Engagements bestimmen, und messen ihrem Privatleben einen ähnlichen Stellenwert gegenüber ihrer beruflichen Entwicklung bei wie ihre männlichen Kollegen. Allerdings sind sie stärker der Meinung, dass die Berücksichtigung der Vereinbarkeit von Beruf und Privatleben durch das Unternehmen dessen Attraktivität sowie die Loyalität der Führungskräfte erhöhen kann (85 vs. 71 Prozent).

• Die Berücksichtigung der Vereinbarkeit von Beruf und Privatleben durch das Unternehmen ist wichtig – 96 Prozent der Befragten sehen dies so. Den Befragten wurde neben der Beantwortung der geschilderten Fragen die Möglichkeit gegeben, sich in einer offenen, unstrukturierten Schlussbemerkung entsprechend ihren Vorstellungen zum Gesamtthema zu äußern. Hiervon wurde umfassend Gebrauch gemacht. Im einzelnen wurde unter anderem Kritik an der Unternehmenskultur, die im Hinblick auf Arbeitszeit eher eine „Präsenzkultur" sei, geäußert. Die oberen Führungskräfte seien nicht immer Vorbilder für ressourcenschonenden Umgang mit der Arbeitszeit, welche auch für die Leitungsebene C Abende und

Wochenenden einschließe. Die Personalentwicklung sei jugendfokussiert. Die Gehaltsstrukturen ließen Reduktion der Arbeitszeit nicht zu. Es wird die Förderung körperlicher Fitness gewünscht. Zur besseren Vereinbarkeit werden Modifikationen der „fringe benefits" gewünscht, die Haushaltshilfen, betriebsnahe Kinderbetreuung, Sabbaticals, Dual Career Couple-Konzepte und die aktive Einbindung der Familie durch das Unternehmen einschließen. Als Dual Career Couples bezeichnet man solche Paare, bei denen beide Partner in verantwortlicher Fach- oder Führungsposition arbeiten.

Im Hinblick auf den Aspekt Dual Career Couples sind die wenigsten Unternehmen in Deutschland bereit, Konzepte zur Lösung daraus resultierender familieninterner Konflikte anzubieten. In Deutschland liegt die Quote der Doppelverdienerpaare bei 57 Prozent[135]. Nach Einschätzung von Domsch/Ladwig sind acht bis zehn Prozent aller verheirateten Doppelverdiener Teil der Gruppe der Dual Career Couples. Für diese gestaltet sich die Personalentwicklung, insbesondere, wenn Auslandsaufenthalte vorgesehen sind, außerordentlich schwierig. Oftmals lehnt ein Partner den nächsten Karriereschritt ab, weil er nicht kompatibel mit der Arbeitssituation des Partners ist. Unternehmen können die Versetzungsbereitschaft nur dadurch erhöhen, dass sie entweder auch für den Partner einen angemessenen Arbeitsplatz finden, selbst wenn dieser in einem anderen Unternehmen arbeitet. Oder aber, sie schließen sich zu diesem Fragenkomplex mit anderen Unternehmen zusammen und versuchen, innerhalb des Verbundes eine Lösung zu finden.

Auch wenn viele der aus der Umfrage gewonnenen Einsichten das widerspiegeln, was aus übergeordneten Untersuchungen zum Teil bereits bekannt war, bedeuten die Ergebnisse für Lufthansa eine solide Basis für die Fortentwicklung der Personalpolitik. Bemerkenswert war darüber hinaus die positive Bewertung der Tatsache, dass überhaupt eine solche Befragung durchgeführt wurde, was in vielen Einzelkommentaren durch die Betroffenen selbst zum Ausdruck kam.

6.3. Fazit

Es ist bereits eine Menge erreicht worden. Doch auch bei Lufthansa wartet noch viel Arbeit auf ihre Erledigung. Dabei scheint das „Männerthema" von zentraler Bedeutung zu sein, stellt es doch die Kehrseite der Medaille „Frau im Beruf" dar – ganz nach dem Motto „Männer in der Familie sind die Voraussetzung für Frauen in der Wirtschaft".

---

[135] Domsch/Ladwig, Doppelkarrierepaare und neue Karrierekonzepte, in Peters/Bensel (Hrsg.), Frauen und Männer im Management

7. Konzepte: Erfolge und Misserfolge

7.1 Mentoring

Über die verschiedenen Mentoring-Programme, die es bei Lufthansa gegenwärtig gibt, ist bereits in Kapitel 6 ausführlich geschrieben worden. Sie gehören eindeutig in die Kategorie „success story". Dies liegt an der hohen Umsetzungsgeschwindigkeit besonders beim Cross-Mentoring. Von der Idee bis zur Auftaktveranstaltung vergingen nur sechs Monate. In diesen sechs Monaten mussten unternehmensintern die Zustimmung eingeholt werden, dann die kooperierenden Unternehmen angesprochen, bei ihnen ebenfalls ein Zustimmungsprozess in Gang gesetzt werden, gemeinsam die „Innenausstattung" der Programmarchitektur gestaltet, Mentoren und Mentees ausgewählt, das Programm für die Auftaktveranstaltung erstellt und organisiert und – am aufwendigsten (!) – ein gemeinsamer Pressetext abgestimmt werden. Sicherlich war auch die zahlenmäßige Beschränkung des Kreises der Gestaltenden mit Ursache für den Erfolg.

7.2. Befragung zu Work-Life-Integration

Auch bei dieser in Kapitel 6 dargestellten Befragung handelt es sich um ein erfolgreiches Konzept. Es musste zwar im Verlauf der internen Abstimmung vom Wunsch, alle Führungskräfte, also zusätzlich zu den Abteilungsleiter/-innen auch Vorstände, Bereichsleiter und Hauptabteilungsleiter/-innen, zu befragen, Abstand genommen werden. Aber die befragte Gruppe ist die größte unter den Führungskräften. Hier war der Sprecherausschuss als verantwortliches Vertretungsorgan von Anfang an beteiligt und unterstützte die Erhebung. Für den Erfolg wichtig war, dass als Absender der Personalvorstand der Lufthansa, Stefan Lauer, zur Verfügung stand. Die wissenschaftliche Begleitung erfolgte durch den Lehrstuhl für Personalmanagement der Freien Universität Berlin, Professor Dr. Gertraude Krell. Ob die Umsetzung, die sich aus den Befragungsergebnissen ergibt, ebenfalls erfolgreich sein wird, bleibt abzuwarten.

7.3. RETURN

RETURN ist ein Akronym und steht für **R**ückkehrer, **E**rziehungsurlauberinnen **t**auschen sich aus **u**eber **R**ahmenbedingungen und **N**eues im Lufthansa-Konzern. Ausgehend von der Überlegung, dass diejenigen Mitarbeiter und Mitarbeiterinnen, die mehr als zwei Jahre familienbedingt oder aus anderen Gründen nicht für Lufthansa gearbeitet haben, nach ihrer Rückkehr ein völlig anderes Unternehmen vorfinden, als das, welches sie verlassen haben, wurde 1999 ein Konzept erarbeitet, bei dem in Form einer eintägigen Informationsveranstaltung aktuelle relevante Informationen über den Konzern vermittelt werden sollten. Von einer Reversierung der Produktionsverfahren (vom anbieter-orientierten Markt zu einem Kundenmarkt) über ein stringentes Kostenprogramm und outgesourcte Unternehmensteile bis zur Einführung neuer Technologien stellte sich das Unternehmen anders auf. Damit nicht jeder Rückkehrer einzeln bei seiner oder seinem Vorgesetzten all diese Fragen klärt, sollten an einem Tag 100 bis 200 Rückkehrende informiert werden. Dieses Konzept wurde bis heute leider noch nicht realisiert. Langfristig wird jedoch wohl kein Weg an ihm vorbei führen.

7.4. Flexibilisierung des Erziehungsurlaubs

Bereits 1996 stellte sich bei Lufthansa das Bundeserziehungsgeldgesetz, das den bis zu dreijährigen Erziehungsurlaub regelt, als Karrierebremse für Frauen heraus. Lufthansa gewährt sogar noch ein zusätzliches Jahr für familiäre Belange. Ausgehend von der Erkenntnis, dass Wissen in immer kürzeren Abständen veraltet, sind lange Auszeiten jedoch kontraproduktiv. Daher überlegte man, den nicht in Anspruch genommenen gesetzlichen Erziehungsurlaub in betrieblichen zu verwandeln, die „offene" Zeit als ein fiktives Zeitguthaben zu handhaben und einzeln zu verbrauchen. Dabei galt der Ansatz des win-win, das heißt, jeder Fall wird einzeln vor Ort gelöst. Das Ergebnis muss sowohl betrieblich als auch individuell auf Zustimmung stoßen (Abb. 12).

Jahr	1	2	3	4	5	6	7	8
A	100% *(0)*	100% *(0)*	100% *(0)*	100% *(0)*	0 *(VZ)*	0	0	0
B	100% *(0)*	100% *(0)*	100% *(0)*	50% *(1/2)*	25% *(3/4)*	25% *(3/4)*	0 *(VZ)*	0
C	100% *(0)*	80% *(1T)*	60% *(2T)*	50% *(1/2)*	50% *(1/2)*	40% *(3T)*	20% *(4T)*	0 *(VZ)*
D	90% *(1/2:100 +80%)*	80% *(1T)*	70% *(30%)*	50% *(1/2)*	50% *(1/2)*	30% *(70%)*	30% *(70%)*	0 *(VZ)*
E	50% *(1/2)*	50%	50%	50%	50%	50%	50%	50%
F	100%	50 %	50%	50%	50%	50%	50%	0
G	100%	90%	80%	60%	50%	50%	100%	30%

Abb. 12: Flexibilisierung des Erziehungsurlaubs im Lufthansa-Konzern

Erklärung: Dieses Schema bezieht sich auf den Erziehungsurlaub in der alten gesetzlichen Fassung. Die Zahlen geben die Größenordnung der „Beurlaubung" an. Die kursiven Zahlen die durchschnittliche Wochenarbeitszeit (prozentual oder in Tagen). A ist der vollausgeschöpfte Erziehungsurlaub (EU) nach heutiger Geltung (3 J. gesetzlich und 1 J. betrieblich). B ist der vollausgeschöpfte gesetzliche EU, jedoch flexibilisierter betrieblicher EU. C bis G sind Rechen beispiele für in betrieblich umgewandelten, flexibilisierten EU. Es sind unendlich viele weitere Variationen denkbar

Auch dieses Programm schrieb keine „success story", da es nur vereinzelt umgesetzt wurde. Möglicherweise fehlte bei dieser Aktion das begleitende Marketing und die Beratung vor Ort. Allerdings führte die externe Kommunikation dieses Konzeptes dazu, dass das Bundesfamilienministerium Interesse zeigte. Damit konnte es zur Neufassung des Bundeserziehungsgeldgesetzes, das unter anderem den Elternurlaub regelt, beitragen.

7.5. Top-Messen

Die „top"-Messe war eine Veranstaltung, die sich im umfassenden Rahmen mit dem Thema „Frau" aus allen denkbaren Perspektiven befasste. Sie fand seit 1991 alle zwei Jahre in Düsseldorf statt. Lufthansa nahm 1995 (zunächst mit einem Einzelstand), 1997 im Rahmen des „Forum Frauen in der Wirtschaft" und 1999 ebenfalls mit dem Forum, das den größten Einzelstand der Messe repräsentierte und ein vielfältiges Begleitprogramm bot, teil. Leider findet die Messe 2001 nicht statt. Sie ist jedoch für das Jahr 2002 wieder geplant.

Lufthansa konnte sich – wie andere Unternehmen auch - bei den Messen als attraktive Arbeitgeberin darstellen. 1999 galt der Schwerpunkt dem Personalmarketing. Während andere Unternehmen Personal reduzierten, befand sich Lufthansa in einer Personalaufbauphase. So sollte mit einem Nachbau eines Airbus-Cockpits besonders dem weiblichen Nachwuchs ein „Probeflug" ermöglicht und damit die Berufswahlentscheidung erleichtert werden. Die Investition hatte Erfolg. Ein Ansteigen der Bewerberinnenzahl ließ sich unmittelbar mit diesem Ereignis verknüpfen.

Die Messen waren für das Unternehmen sowohl nach außen wie nach innen erfolgreiche Veranstaltungen.

7.6. Kongresse

Im Jahre 1997 führte Lufthansa in Kooperation mit der Deutschen Gesellschaft für Personalführung (DGFP) einen internationalen Kongress, „The Chance for Change", zum Themenkomplex der Chancengleichheit durch. Schwerpunkte waren: Arbeitsplätze der Zukunft, Globalisierungseffekte auf Frauen, Unternehmenskultur, Umgang mit Aggressionen, Kulturunterschiede in männlichem und weiblichem Sprachverhalten, um nur einige zu nennen. Dieser Kongress war sowohl intern als auch extern ein Erfolg, da das Thema Chancengleichheit in anderen Kontexten bis dato meist als defizitär, anstatt positiv gestaltend dargestellt wurde. Dem gegenüber versuchte diese Veranstaltung, sich den Fragen aus einer konstruktiven Grundhaltung zu nähern, was durch die große Anzahl hervorragender Referenten und Referentinnen unter Einbeziehung eines diskutierfreudigen Publikums auch gut gelang.

1999   war ein weiterer Kongress mit Schwerpunkt „neue Männerrollen" geplant, der mangels Teilnehmenden abgesagt werden musste. Ursache für die Fehleinschätzung war möglicherweise der Adressatenkreis: Es wurden Geschäftsführer/-innen und Personalverantwortliche eingeladen, für die das Thema möglicherweise zu avantgardistisch war. Für die interessierten „Frauenbeauftragten" war der Preis vielleicht zu hoch angesetzt.

7.7. Familienaudit

Im Jahre 1998 ließ Lufthansa, das Audit Beruf und Familie[136] durchführen. Teil dieses Prozesses ist die Durchführung von Workshops, bei denen sowohl Betroffene als auch die Betriebspartner, also Personalleiter/-innen und Betriebsräte, zugegen sind und am Verfahren und den sich daraus ergebenden Handlungsempfehlungen mitarbeiten. Im Verlauf der Diskussion entstand eine unüberbrückbare Kluft zwischen den Beteiligten hinsichtlich der Vorstellungen, für welchen Geltungsbereich das Audit durchzuführen wäre. Die Geschäftsleitung wünschte die Betrachtung des Konzerns, die Arbeitnehmervertretung wollte zwei Teilbereiche des Passagegeschäftes untersucht haben. Da dies einerseits erhebliche Zusatzkosten generiert hätte, andererseits es nicht gelungen war, die Mitbestimmungsorgane davon zu überzeugen, welchen Vorteil eine Gesamtanalyse insbesondere für die weitere Arbeit der Arbeitsgruppe „Chancengleichheit" bedeutet hätte, kam dieses Projekt schließlich nicht zustande. Mittels des Gesamtüberblickes und der „Handlungsempfehlungen" hätte es sicherlich eine solide Basis für weiterführende Projekte gegeben.

7.8. Betriebsnahe Kinderbetreuungseinrichtung am Frankfurter Flughafen

Seit vielen Jahren wird der Wunsch, manchmal sogar die Forderung, an die Geschäftsleitung der Lufthansa gerichtet, am Frankfurter Flughafen für Kinderbetreuung zu sorgen. Die Mitarbeiter und Mitarbeiterinnen kommen aus Wohnorten in einem Radius von bis zu 80 Kilometern rund um den Flughafen. Daher ist es nicht sinnvoll, sich an örtlichen Einrichtungen zu beteiligen, zumal deren Öffnungszeiten selten kongruent zur Arbeitszeitlage der/des Mitarbeitenden sind. Der Familienservice deckt nicht alle Wünsche ab. Daher wurde in Kooperation mit der Flughafengesellschaft, Fraport, auf dem Südgelände des Flughafens ein Gebäude ausgewählt. Lärm- und Abluftuntersuchungen standen der Realisierung nicht im Weg; eine Betriebserlaubnis seitens des Landesjugendamtes war gewiss. Ein Betreiber war ausgewählt. Die internen Abstimmungsprozesse ergaben bei Fraport leider keine Zustimmung. Kurz darauf stand auch das Gebäude nicht mehr zur Verfügung, so dass Lufthansa das Projekt auch nicht alleine realisieren konnte. Auch wenn es innerhalb der Lufthansa Bedenkenträger gab, war zu jenem Zeitpunkt die Wahrscheinlichkeit für eine Realisierung größer als die für ein Scheitern. Bisher hat sich kein neuer Standort als geeignet erwiesen, womit das Thema jedoch nicht „erledigt" ist.

---

[136] In Kapitel 5 ausführlicher beschrieben

7.9. Fazit

Wie bei jedem Veränderungsprozess oder –projekt reicht es nicht aus, das Ziel vor Augen zu haben, den Status quo zu kennen und eine Vorstellung vom Weg zu besitzen. Es reicht ferner nicht aus, Promotoren zu haben. Die immer vorhandenen Widerstände müssen bekannt sein und überwunden werden, was durch eine gründliche Stakeholderanalyse[137] realisierbar ist. Klassische Fehler wie „Kaltstart", „Top down", „Not invented here", falsche Fragen, Geschäft mit Angst der Menschen oder Glaubwürdigkeitslücken[138] führen meist zu Misserfolgen bei der Umsetzung, oft schon bei der Kommunikation des Projektes. Technische Neuerungen, aber auch Organisationsveränderungen haben eine wesentlich größere Entwicklungsgeschwindigkeit als Menschen. Wichtig bei Veränderungen ist daher, die verschiedenen Geschwindigkeiten in Einklang zu bringen. Allerdings benutzen oft Mitarbeiter oder Mitarbeiterinnen, die keine Veränderungen möchten, die geringere Entwicklungsgeschwindigkeit, um auf „Tempo null" zu bleiben, also keine Veränderung zuzulassen, bzw. diese zu stören.

Die Harmonisierung der Geschwindigkeiten stellt eine der großen Herausforderungen des neuen Jahrzehnts dar, zumal an der Veränderungsnotwendigkeit keine Zweifel mehr gerechtfertigt sind.

---

[137] Dabei wird an jedem Teilschritt die Frage gestellt, wer Vorteile und wer Nachteile des Veränderungsschrittes hat.
[138] Doppler/Lauterburg, Change Management

8. Strategien zur Umsetzung

Jedes Unternehmen wird bei der Umsetzung einer chancengleichen Personalpolitik den Weg wählen, der am besten in die Kultur passt, der am ehesten Erfolg verspricht. Ein wichtiger Parameter ist die Person, die die Verantwortung für dieses Thema trägt: Handelt es sich hier um einen visionären Menschen? Eher um einen, der vorsichtig das Machbare auslotet? Jemanden, der viel Absicherung braucht? Jemanden, dessen Background eher regulativ ist? Zusätzlich entscheidend ist das unmittelbare Umfeld der verantwortlichen Person. Wenn der/die Vorgesetzte nicht genügend Rückenwind gewährt, nützen weder Kultur noch Vision in Kombination mit Umsetzungsfähigkeit.

Im Folgenden werden verschiedene Lösungswege aufgezeigt, die Anregungen für andere Unternehmen bieten sollen.

8.1. Kommunikation: normalisieren/neutralisieren

Wie bei vielen anderen Change-Prozessen auch, kommt der Kommunikation die elementare Schlüsselrolle zu. Dabei ist es nicht nur wichtig, für permanente Darstellung des Themas „Chancengleichheit" in internen und externen Medien zu sorgen. Es ist auch eine Frage der persönlichen Kommunikation. Dieses Thema ist aufgrund der historischen Gegebenheiten von Natur aus keines der präferierten in der Wirtschaft. Die Ursache dafür liegt in der Geschichte der „Frauenbewegung"[139], die die Geschlechter eher separiert, denn integriert hat. Bei den Menschen, die sich nicht intensiver mit dem Thema befasst haben, läuft der „Film" der siebziger Jahre ab, in dem Männer als Übeltäter und dergleichen mehr bezeichnet wurden. Diese Polarisierung gefällt heute weder den so Bezichtigten noch den differenzierteren Frauen. Deshalb muss, will man das Thema aufgreifen, ständig gegen ein vorhandenes Vorurteil angekämpft werden. Interessanterweise fühlen sich dabei nicht die Vorurteilsträger verpflichtet, ihr Denken kritisch zu hinterfragen. Es obliegt den für Chancengleichheit Verantwortlichen, eine neutrale Gesprächsatmosphäre herzustellen, um erst dann ihr Anliegen vorzutragen.

Ein Unternehmen, das zum Thema bereits eine Geschichte besitzt wie zum Beispiel Lufthansa, bei der die ersten intensiveren Bemühungen auf das Jahr 1970 zurückgehen[140], hat auch eine Geschichte des Herangehens. Von zunächst anklagend defensiv, jedoch fordernd, dabei oft gerne Fragen der Qualifikation außer acht lassend, über Ansätze der Fairness, die jedoch von kollektivrechtlichen Überlegungen begleitet waren, bis hin zu einer individuellen Betrachtung hat es im Unternehmen alles gegeben. Natürlich ist eine individuelle Annäherung sachdienlicher, allzumal in einer individualisierten Gesellschaft. Über die Qualifikation von Frauen ist viel geschrieben worden. Allmählich erklimmen Frauen die verschiedenen Gestaltungsebenen. Allerdings gilt auch heute leider oft noch, dass das Geschlecht „Frau" gescheitert ist, wenn eine

---

[139] Siehe dazu auch Kapitel 1
[140] Siehe dazu Kapitel 4

einzelne Frau mit den Anforderungen nicht zurecht kommt. Dies ist bei Männern definitiv anders.

In einem solchen Unternehmen also wird die Kommunikation darauf gerichtet sein, die Wertung der Begrifflichkeiten umzudrehen. Dies ist sicher ein slow motion-Vorgang, der vieler Redundanzen bedarf. Bei Unternehmen, die sich neu mit diesem Thema befassen, bedarf es der Achtsamkeit von Anfang an, was allerdings leichter ist, als die Kommunikation völlig neu auszurichten.

Bis zu 80 Prozent der Zeit einer Führungskraft werden für Kommunikation[141] verwandt und werden von dieser als unproduktiv empfunden. Dabei ist es vornehmliche Aufgabe einer oder eines Vorgesetzten, dafür zu sorgen, dass die richtigen Informationen zur richtigen Zeit am richtigen Ort sind, damit die richtigen Leute zur richtigen Zeit die richtigen Fragen auf die richtige Art und Weise miteinander besprechen[142]. Eine gute Kommunikation schafft gute Arbeitsergebnisse. Kommunikation ist nie zweckfrei; sie zielt auf etwas hin. Sie erfolgt auf den vier Ebenen: Sach-, Beziehungs-, Ausdrucks- und Apellebene.

Jeder Veränderungsprozess – das Umdrehen einer Konnotation zu einem Spezialthema ist auch ein Change Prozess – bedarf der ständigen Begleitung durch Kommunikation. Dabei ist es wichtig, im Agens zu bleiben und nicht auf die Re-Aktion zurückzufallen. Schneller Wandel braucht eine sehr schnelle Kommunikation. Deshalb sind Kaskadenmodelle anachronistisch, wenngleich sie logistisch einen hohen Reiz besitzen, da die Arbeit verteilt wird. Hinzu kommt, dass die Wahrnehmung bei den Adressaten oft selektiv ist und nur das empfangen wird, was in den eigenen Erfahrungshorizont passt. Aus diesem Grund sind Feedbackschleifen, in denen ergründet wird, was der Empfänger wirklich aufgenommen hat, von großer Bedeutung.

Ein wichtiger Aspekt der Kommunikation ist die Sprache[143]. Auch wenn es in anderen Kontexten nicht gerade zielführend ist, zwischen Männern und Frauen stereotyp zu unterscheiden, so lassen sich in Bezug auf Sprache tendenzielle Unterschiede[144] feststellen. Grundsätzlich gilt ein Sprechakt schon als misslungen, wenn sich der Angesprochene nicht angesprochen fühlt.

Mit aller Vorsicht sei hier der Versuch unternommen, bei Männern und Frauen Unterschiede im Kommunikationsverhalten festzustellen und darzulegen: Ziele der weiblichen Kommunikation sind die Interaktion, das Herstellen von Beziehungen, Vermeidung von Hierarchien zwischen den Gesprächsteilnehmern, um nur einige zu nennen. Dem gegenüber zielt die männliche Kommunikation auf reine

---

[141] Zu dieser gehören Gespräche, Sitzungen und Konferenzen, aber auch Analysieren, Aufbereiten und Weiterleiten schriftlicher Informationen, nach Doppler/Lauterburg, Change Management.
[142] Doppler/Lauterburg, Change Management
[143] Neben der verbalen gibt es die non-verbale Kommunikation, zu der Gestik, Mimik, Körperhaltung, Abstand zwischen den Gesprächspartnern und andere Faktoren gehören, die hier nicht weiter beleuchtet werden sollen.
[144] Deborah Tannen, Job Talk

Informationsweitergabe, Kompetenzvermittlung und Etablierung von Hierarchien. Der weibliche Stil ist eher indirekt, was von Männern oft als Manipulation wahrgenommen wird. Der männliche eher direkt, was von Frauen als grob empfunden werden kann. Die bei Frauen oft abgemilderten Aussagen, die einzig der Vermeidung eines aggressiven Ausdrucks gelten, kommen bei Männern als unsicher an, was sie bisweilen veranlasst, Frauen zu unterbrechen und ihre Äußerungen weniger ernst zu nehmen. Umgekehrt behaupten Männer manches Mal auch Ungesichertes mit fester Stimme und testen es damit auf Widerspruch. Kommt keiner, war es ja doch wohl richtig. Männer beanspruchen meist mehr Zeit für ihre Redebeiträge, wogegen sich Frauen eher kurz halten. Präsentationen – zumal vor größerem Publikum – stehen für Frauen im Gegensatz zur Sozialisation, die auf Unauffälligkeit hin ausgerichtet ist. Bei Männern sind sie die logische Fortsetzung des Sich-In-Szene-Setzens.

Es gibt zwischen den Geschlechtern auch Unterschiede hinsichtlich ihrer Gesprächsrituale. Während für Frauen Fragen nicht nur Informationsquellen sind, sondern zugleich Gelegenheit zur Interaktion bieten, stellen sie für Männer oft ein Zeichen von Hilflosigkeit dar. Das Verhalten beim Zuhören ist bei Frauen eher zugewandt, was von manchem Mann als „stummer Applaus" empfunden wird. Umgekehrt sind Männer nicht selten demonstrativ abgewandt beim Zuhören. Auch im Hinblick auf die Agonistik gibt es Unterschiede: Während bei Männern Streit einen rituellen Charakter besitzt und dem friedlichen Auseinandergehen an dessen Ende nichts im Wege steht, gehen viele Frauen einem Konflikt so lange aus dem Weg, bis er unvermeidbar ist. Dann endet er allerdings nicht selten in einem Vernichtungskampf. Entschuldigungen, Dank und Klagen haben bei Frauen eher eine brückenschlagende Funktion, wogegen sie bei Männern als Selbstherabsetzung und Verringerung aufgefasst werden. Feedback ist für Frauen sehr viel wichtiger als für Männer. Kommt keines, bedeutet es bei Frauen, dass die Leistungen nicht stimmen. Bei Männern steht das Ausbleiben von Feedback für „alles im grünen Bereich".

Für ein missverständnisfreies Miteinander müssten beide Geschlechter „zweisprachig" sein. Auch wenn die Zweisprachigkeit für eine erfolgreiche Kommunikation und damit den Wandel zu einer chancengleicheren Arbeitswelt nicht elementare Voraussetzung ist, so hilft sie jedoch bei der Zielerreichung.

8.2. Teilung von Verantwortung

Die meisten Unternehmen können wegen ihrer Wettbewerbssituation nur eine dünne Personaldecke für das weiche Thema der Chancengleichheit zur Verfügung stellen. Deshalb kann diese Aufgabe auch nicht so wahrgenommen werden, dass sie die verantwortliche Stelle für alle im Kontext auftretenden Aspekte repräsentiert. Sie sollte jedoch Dienstleister mit der Bereitstellung des Know hows für das Unternehmen sein, aber auch Konzeptentwickler und Umsetzungsbegleiter vor Ort.

Es gibt Unternehmen, in denen die verantwortliche Stelle trotz knappster Ressourcen „Sprechstunden" anbietet. Dies führt dazu, dass sich die/der Verantwortliche hauptsächlich mit der Recherche von Beschwerdefällen „Zukurzgekommener" oder schlecht Behandelter befasst und nicht pro-aktiv tätig wird. Aus Erfahrung lässt sich ableiten, dass die Beschwerdeführer meist schon alle anderen Beschwerdestellen durchlaufen haben: Vorgesetzte, Betriebsrat, Sozialberatung und andere. Nimmt sich die/der Verantwortliche für Chancengleichheit der Beschwerden an, fällt ihr/ihm schnell die Rolle des Richters zu, der bei Vorfällen, bei denen er nicht zugegen war, entscheiden soll, wer im Recht ist – eine sehr undankbare Aufgabe. In den großen Unternehmen gibt es genug Verfahren zur Schlichtung von Konflikten[145], da muss nicht unbedingt die Beauftragte für Chancengleichheit einbezogen werden. In Klein- und mittelständischen Unternehmen sieht es da ganz anders aus, aber diese Unternehmen werden kaum in Versuchung geraten, der Beauftragten wesensfremde Aufgaben zu übertragen – es gibt sie meist dort gar nicht.

Auch im positiven, pro-aktiven Sinne wird eine Beauftragte alleine kaum den gewünschten Paradigmenwechsel erzielen, ohne Unterstützung aus der Fläche und natürlich der Hierarchie. So ist es bei jeder einzelnen Konzeption nicht nur unerlässlich, das Einverständnis der einzelnen Konzerngesellschaften zu haben, sondern diese sind letztlich die Umsetzer vor Ort. Das heißt, dass es für den Erfolg eines Netzwerkes von „Verbündeten" bedarf. Dieses lässt sich in unterschiedlicher Form organisieren. Manch ein Unternehmen mag es für sinnvoll erachten, ein festes Netz aus ehrenamtlichen Beauftragten für Chancengleichheit zu haben, die als Promotoren und Kommunikatoren vor Ort fungieren. Andere integrieren das Thema in existierende regelmäßige Zusammenkünfte von Personalverantwortlichen.

Ziel ist in beiden Fällen, die Verantwortung für diese Aufgabe auf möglichst viele Schultern zu legen, anstatt sie bei einer Person (oder Abteilung) zu konzentrieren. Jeder, der in diesem Kontext Verantwortung übernimmt, ist Unterstützer in der Sache. Deshalb sollte auf keinen Fall auf selbständige Aktivitäten hemmend eingewirkt werden. Wie in vielen anderen Kontexten auch stellt sich hier die Frage, wie viel Dezentralität eine Organisation verträgt. Sie lässt sich nicht allgemeinverbindlich beantworten. Wenn ein Unternehmen vor allem in dezentrale Geschäftseinheiten gegliedert ist, wird sich dieses Feld kaum von der „Zentrale" bestellen lassen. Eine Dezentralisierung der Aktivitäten besitzt den weiteren Vorteil, dass auf die spezifischen Umstände besser eingegangen werden kann.

Summa summarum lässt sich sagen, dass es gelingen muss, die Aktivitäten zu überblicken und gegebenenfalls zu bündeln, aber keineswegs, sie zu dirigieren. Ein Unternehmen, bei dem sich jeder Mitarbeiter und jede Mitarbeiterin dem Thema verpflichtet fühlt, wäre sicherlich der Idealfall , der kaum je erreicht werden kann. Anzustreben ist dieser Zustand dennoch.

---

[145] Dies gilt auch für Vorfälle zur sexuellen Belästigung am Arbeitsplatz, bei denen die Verantwortlichen vor Ort die beteiligten Parteien kennen und damit die Situation wesentlich besser beurteilen können. Allerdings ist es in den Fällen, in denen Vorgesetzte Täter sind, erforderlich, eine neutrale Stelle im Untenehmen einzuschalten.

8.3. Überzeugungsarbeit

Leider ist in den meisten Unternehmen keine oder nur eine geringe Überzeugung vorhanden, dass es ein Wettbewerbsvorteil ist – sowohl im Hinblick auf den Arbeitsmarkt, als auch auf den Kundenmarkt – eine chancengleiche Personalpolitik zu betreiben. Bei den Firmen, bei denen erst die Grundüberzeugung zu leisten ist, unabhängig davon, ob die Beauftragte von „oben" oder „unten" eingesetzt wurde, dürfte der Weg der längste sein. Auch wenn der Unternehmenserfolg bis zu 30 Prozent von weichen Faktoren[146] abhängt, was noch nicht allen Führungskräften einsichtig ist, so ist damit meist noch lange nicht das Bemühen um faire Chancen für Frauen und Männer am Arbeitsplatz auf der Tagesordnung.

Argumente für eine pro-aktive Personalpolitik, die Chancengleichheit einbezieht, sind in Kapitel 2 ausgiebig erläutert worden und sollen hier nicht wiederholt werden. Wenn der für das eigene Unternehmen am besten passende Weg ausgewählt wurde[147], gilt es, sich Unterstützer für die zu leistende Überzeugungsarbeit vor Ort zu suchen. Von ganz entscheidender Bedeutung ist die Erarbeitung eines Kommunikationsplanes. Für den Veränderungsprozess muss eine längere Phase eingeplant werden, nicht eine einmalige Kampagne. Hier gilt: Steter Tropfen höhlt den Stein. Wichtig ist dabei auch die Glaubwürdigkeit. Wenn die oder der Hauptverantwortliche das Gegenteil von dem lebt, was sie oder er sagt, dann wird es im Unternehmen auch keinen Veränderungsprozess geben.

Im Hinblick auf die Veränderungsthemen sollte möglichst ein Gesamtkonzept, vorgestellt werden. Denkbar sind aber auch einzelne Mosaiksteine für das Herstellen eines „chancengleichen Gesamtbildes". Diese Mosaiksteine können einzelne Konzepte oder Projekte darstellen, die erst im Verlauf einer längeren Zeit das angestrebte Endergebnis ermöglichen.

Die Herangehensweise ist deduktiv (erst Konzept, dann die einzelnen Schritte) oder induktiv (viele kleine Projekte fügen sich über einen längeren Zeitraum zu einem Gesamtbild). Welcher Weg gewählt wird, hängt vom Unternehmen ab. Bei Lufthansa hat sich der induktive Weg gut ins Geschehen gefügt. Einerseits war es sehr wichtig, durch „try and error" immer wieder Feedback-Schleifen einzulegen. Andererseits konnten die Bedürfnisse des Unternehmens – und damit die rasante Veränderungsgeschwindigkeit – berücksichtigt werden. So wurde nicht ein einmal beschlossenes Konzept „durchgezogen". Aber auch der deduktive Weg kann immer wieder hinterfragen, ob der nächste Schritt noch in die Landschaft passt und damit – auch zum Beispiel - durch Änderungen des Grundkonzeptes zum Erfolg führen.

---

[146] Deutsches Netzwerk Wirtschaftsethik (DNWE), mündliche Aussage von Prof. Wieland anlässlich einer Tagung in Konstanz im Jahre 2001
[147] Es ergibt zum Beispiel keinen Sinn, in einem Unternehmen, das massiv Personal abbaut, die Argumentationsschiene „Recruitment" aufzubauen.

8.4. Einbinden von anderen

Die Notwendigkeit, möglichst viele als Promotoren für den Wandel einzubeziehen, ist bereits dargelegt worden. Das gilt auch für das Teilen von Medienaktivitäten. Das Thema „Chancengleichheit" hat ein großes Medieninteresse – größer als manch anderes „weiches" Thema – was sicher auch daran liegt, dass jeder Mensch auf der einen oder anderen Seite, in irgendeiner Form involviert ist.

Alle Menschen sind mehr oder minder eitel. Diese Tatsache sollte genutzt werden. Viele Mitarbeitenden und Führungskräfte haben mit ihren Themen meist nicht die Gelegenheit, in den Medien in Erscheinung zu treten. Wenn sie dies mittels eines Spezialaspekts der Chancengleichheit tun können, werden sie hinterher umso stärkere Verfechter einer fairen Personalpolitik sein. Damit ist klar, dass das Verteilen auf mehrere Personen wieder eine unmittelbar positive Wirkung auf das Voranschreiten haben kann.

Aber auch aus Kapazitätsgründen sollte der verantwortliche Bereich – sei er noch so groß – keine Alleingänge unternehmen, da das Ziel ja gerade das Umdenken und Involvieren aller im Unternehmen ist.

8.5. Fazit

In der Praxis der jüngeren Vergangenheit lässt sich beobachten, dass gerade diejenigen „gescheitert" sind, die die Verantwortung für eine chancengleiche Unternehmensentwicklung nicht teilen und alles allein unter Kontrolle behalten wollten. Der Vergleich mit dem Großhirn als Zentrale der bewussten Steuerung des Körpers drängt sich auf. Wäre es der einzige Impulsgeber in unserem Leben, hätte es mit diesem ein schnelles Ende. Ohne weiter medizinisches Glatteis betreten zu wollen, ist die Parallele zwischen sich selbst regulierenden Körperfunktionen als Teilen des Gesamtorganismus und dezentralen Unternehmensteilen, die nach einem Grundkonsens eigenverantwortlich handeln, durchaus gegeben. „Willkürliche Eingriffe von oben" zerstören womöglich Initiative und Engagement.

9. Übertragbarkeit auf Klein- und mittelständische Unternehmen (KMU)[148]

Vieles, so vermag es der Leserin oder dem Leser erscheinen, was vorstehend beschrieben wurde, hat seine Wurzeln in größeren Unternehmen. Viele Vorschläge, die unterbreitet wurden, scheinen ebenfalls nur auf Großbetriebe anwendbar zu sein. Zum Glück ist dies nicht der Fall. Dem Außenstehenden mögen große Konzerne als monolithische Blöcke erscheinen: fest in sich gefügt, kaum von außen zu durchdringen, in sich ruhend, fast unangreifbar. In ihnen wird nur nach einem Willen gehandelt, es wird eine Sprache gesprochen, die Ergebnisse oder Verhaltensweisen sind das Resultat einheitlicher Überzeugung. Die Wirklichkeit ist indessen eine andere. Auch Großunternehmen sind nicht „einheitlich", „stromlinienförmig". Im Gegenteil: Auch größere Konzerne oder Unternehmen sind nur die Summe kleinerer kooperierender Einheiten. Es ist fast wie mit dem menschlichen Organismus. Was von außen wie eine einzige Einheit aussieht, ist in Wirklichkeit das Zusammenspiel vieler Strömungen und Kräfte, die von unterschiedlichen zentralen oder dezentralen Einflüssen gesteuert werden. Organisch sind Großunternehmen wie Lufthansa auch deshalb, weil die Beteiligungspolitik hoch flexibel ist. Ständig werden neue Beteiligungen eingegangen, andere aufgelöst. Dies gestaltet unter anderem auch den Vergleich aktuellen statistischen Materials mit dem aus den Vorjahren schwierig.

Wenn es aber so ist, dass ein Unternehmen, das sich aus vielen kleineren, überwiegend selbständig operierenden Teilen zusammensetzt, dann lassen sich die Erkenntnisse, die dieses Buch zu vermitteln versucht, ohne weiteres auch auf kleine Gesellschaften anwenden. Sicherlich nicht sozusagen 1:1. Natürlich ist klar, dass sich ein kleiner Familienbetrieb mit 10 Personen keinen Personalentwickler leisten kann (und muss!). Auch sind naturgemäß die Karriereaussichten in kleinen Unternehmen geringer als in großen. Dem steht aber eine größere Nähe, ein schnelleres Feedback zu eigenen Leistung, ein breiterer Verantwortungsbereich[149], größere Dialogbereitschaft, größere Übersicht, schnellere Realisierung der eigenen Arbeitsergebnisse und anderes mehr gegenüber.

KMUs geraten trotz ihrer hohen volkswirtschaftlichen Bedeutung gegenüber den großen Konzernen zunehmend ins Hintertreffen[150]. Neben schlechteren Bedingungen bei der

---

[148] Zur Definition: Eine Unternehmensgröße von bis zu neun Mitarbeitenden und einem Umsatz bis unter einer Million DM/Jahr gilt als kleines Unternehmen. Ein mittelständisches Unternehmen hat zehn bis 499 Mitarbeitende und einen Umsatz zwischen einer und 100 Millionen DM/Jahr. Großunternehmen haben 500 und mehr Mitarbeitende und einen Umsatz von mehr als 100 Millionen DM/Jahr. Quelle: IfM, Bonn

[149] „Scale" statt „scope".

[150] 99,3 Prozent aller Unternehmen in Deutschland fallen in die Kategrorie „KMU", 60 Prozent aller Erwerbstätigen arbeiten hier, 57 Prozent der Bruttowertschöpfung werden hier erbracht, 46 Prozent der Investitionen getätigt, 45 Prozent der steuerpflichtigen Umsätze erwirtschaftet, 80 Prozent aller Ausbildungsplätze angeboten. 550 der 3,3 umsatzsteuerpflichtigen KMU sind in ihrem jeweiligen Gebiet Weltmarktführer. 27,6 Prozent der KMU werden von Frauen geführt.

Kapitalbeschaffung[151] sind KMU-Betriebe für qualifizierte Arbeitnehmende aller Berufsgruppen längst nicht so attraktiv wie die großen. Neben den beeindruckenden Firmennamen ist allgemein bekannt, dass sowohl Gehälter wie Nebenleistungen meist besser sind als im Mittelstand.

Der Mittelstand ist daher gezwungen, seine Wettbewerbsnachteile auszugleichen und was wäre da nicht geeigneter, als sich in den „weichen Faktoren" positiv durch Individualisierung abzusetzen. Hier sind insbesondere flexible Arbeitszeitmodelle ein für das Unternehmen finanziell darstellbares und probates Mittel, auf die Bedürfnisse weiblicher High Potentials auch individuell einzugehen. Die bekannten Modelle hierzu sind auf jede Betriebsgröße übertragbar und der Schaffung betriebseigener Regelungen kaum Grenzen gesetzt.

Weitere übertragbare Maßnahmen zur betrieblichen Chancengleichheit sind in jedem Falle auch alle Reintegrationsmodelle nach dem Elternurlaub. Gerade ein mittelständisches Unternehmen kann und darf es sich nicht leisten, eine gut ausgebildete und eingearbeitete Mitarbeiterin zu verlieren, weil diese durch eine zu lange Babypause dequalifiziert ist.

Auch das Modell „Familienservice" kann dem Mittelstand nur empfohlen werden, selbst wenn erfahrungsgemäß die Abstimmungsbereitschaft zwischen mittelständischen Betrieben oft unterentwickelt ist. Hier ist anzuregen, dass diese Themen in die Fachverbandsarbeit Einzug halten sollten, anstelle in regelmäßige Tagungsrunden einzuberufen, um sich Luft über die Steuerpolitik der Bundesregierung zu machen. Fachverbände dienen der Optimierung der brancheneigenen Wettbewerbssituation, somit wäre hier der richtige Ort für die Initiative für betriebsübergreifende Einrichtungen, wie zum Beispiel den Familienservice.

Wird der Blick von der Mitarbeiter- auf die Kundenperspektive gerichtet, so wird deutlich, dass ein Grossteil der Kunden der KMU die Großunternehmen[152] sind, wodurch sich die KMUs einer Lieferantenbewertung unterziehen müssen. Ein Auftraggeber, der sich den Kriterien von zum Beispiel „Corporate Social Responsibility" verschrieben hat, wird diese Kriterien, zu denen auch eine chancengleiche Personalpolitik gehört, auf den Lieferanten projizieren. Die gleiche Entwicklung war im Zusammenhang mit Qualitätsmanagement zu beobachten.

---

[151] Eigenkapitalquote sinkt kontinuierlich)
[152] B2B; business to business

Selbstverständlich können kleinere Unternehmen zum Beispiel auch ein Mentoring-Programm aufziehen. Es wird nicht ausschließlich im eigenen Unternehmen geschehen können, Cross-Mentoring bietet sich hier geradezu an. Auch kann man notwendige Qualifizierungen im Verbund mit anderen Unternehmen, was branchenweise heute ja bereits üblich ist, durchführen. Überhaupt erscheint der Austausch von Erfahrungen und Programmen im Personalbereich auch unter Konkurrenten denkbar. Die Erfahrungsaustauschgruppen der Deutschen Gesellschaft für Personalführung[153] legen dafür beredtes Zeugnis ab. Bei der Diskussion personalpolitischer Probleme sind sicherlich Konkurrenzgesichtspunkte zu berücksichtigen. Gegenwärtig lösen sich die Widersprüche zwischen Wettbewerb und vertauensvollem Miteinander mit diesen Wettbewerbern jedoch in Richtung auf ein Sowohl-als-auch auf. Der vertrauliche, aber auch kontroverse Gedankenaustausch, gekoppelt mit der Erfahrungsweitergabe unter Personalkollegen, hat noch nie einem Unternehmen geschadet.

Die aus einer an Chancengleichheit orientierten Personalpolitik resultierenden positiven Ergebnisse sind für einen kleineren Betrieb nicht anders als für ein Großunternehmen. Wenn denn die finanzielle Kraft einer kleinen Unternehmung nicht ausreicht, im erforderlichen Umfang in die Schulung der Mitarbeiterschaft zu investieren, was hindert diese daran, sich mit anderen zusammenzuschließen, um auf dem Feld der Qualifizierung gemeinsam etwas zu erreichen? Das anderenfalls drohende Szenario ist furchteinflößend: Der Kampf um die Besten der Guten wird dann durchgängig zugunsten der großen Unternehmen entschieden. Wenn allein diese die gewünschten Fortbildungs- und Entwicklungsmöglichkeiten anbieten, die erhoffte Vielfalt in der Arbeit gewährleisten und den persönlichen Bedürfnissen der Umworbenen am besten Rechnung tragen, dann wird es kleinen und mittleren Unternehmen nicht gelingen, gut qualifiziertes Personal zu gewinnen. Sie bleiben auf die Übriggebliebenen angewiesen. Bei der Knappheit der menschlichen Ressourcen können sich für kleinere Unternehmen katastrophale Folgen ergeben. Wenn sie nicht auf dem Qualifizierungssektor hochrüsten können, werden sie versuchen müssen, über ungleich höhere Vergütungen qualifizierte Arbeitskräfte an sich zu binden. Dieses wiederum führt zur Verteuerung von Produkten und beeinträchtigt die Konkurrenzfähigkeit. Daraus kann nur gefolgert werden, dass die in diesem Buch zusammengefassten Erkenntnisse und Erfahrungen auch von mittleren und kleineren Betrieben ausgewertet und angewandt werden müssen, wenn sie denn den Wettbewerb am Arbeitsmarkt bestehen wollen.

Die Situation ist in ihrer Dramatik wahrscheinlich noch nicht voll erkannt. Die meisten Firmen orientieren sich am Heute oder Gestern und sammeln sich unter dem Motto „es wird schon gut gehen, denn es ist bisher ja immer gut gegangen". Diese Haltung verkennt, dass die heute vorliegenden Zahlen eine unerbittliche Sprache sprechen. Desgleichen sollte die aktuelle Feststellung, das die Zahl der Studenten, die aus Arbeiter- bzw. geringer verdienenden Angestelltenfamilien kommen, von 27 Prozent auf 13 Prozent[154] zurückgegangen ist, mit tiefer Sorge erfüllen. Es wird nicht so sein, dass die Zahl der Begabten aus diesen Familien im gleichen Prozentsatz abgenommen hat.

---

[153] DGFP

[154] Damit hat sich die ursprüngliche Bedeutung von „Chancengleichheit", nämlich die der Bildungschancen, nicht realisieren lassen.

Vielmehr wird es unter anderem an der heute noch mangelhaften Studentenförderung liegen, dass hier Talente, die eigentlich ein Studium absolvieren sollten, dieses nicht tun können. Wenn es der Bundesrepublik Deutschland nicht gelingt, in die Ausbildung, sowohl die schulische als auch die universitäre, erhebliche finanzielle Mittel zu investieren, wird Deutschland für lange Zeit das Schlusslicht der wirtschaftlichen Entwicklung in Europa bilden.

Wollte man ein Fazit ziehen, so könnte es lauten: Alle angebotenen Möglichkeiten müssen auch ausgenutzt werden. Das ist einmal die Besetzung der so genannten „weichen Felder", dazu zählt die chancengleiche Personalpolitik, gleichzeitig aber auch, alles zu versuchen, um ein Abwandern der hochqualifizierten Kräfte zu verhindern. D.h., die Industrie in Deutschland müsste sich erhebliche Gedanken hinsichtlich ihrer Attraktivität für jüngere hochbegabte Arbeitnehmer und Arbeitnehmerinnen machen. Die Zeiten, in denen man sich aus 200 hervorragend ausgebildeten Nachwuchskräften eine aussuchen konnte, sind endgültig vorbei. Die arbeitskraftintensive Produktion ist mehr und mehr intelligenten Aufgabenstellungen gewichen. Muskelkraft wird weitestgehend durch Maschinen ersetzt.

Selbstverständlichkeiten in entwicklungs- und administrativen Prozessen gehören der Vergangenheit an. Heute bringt jeder Tag neue Herausforderungen mit sich. Die Anforderungen an die geistigen Kräfte des Menschen werden täglich größer. Die Komplexität nimmt zu. Gleichzeitig nimmt der Zeitdruck ebenfalls zu. Die zu verarbeitende Informationsfülle führt zur Entstehung neuer Berufe wie zum Beispiel dem des bzw. der Informationsmanagers oder -managerin. Die Kunst besteht nicht mehr darin, möglichst viele Informationen zu bekommen, sondern darin, aus der Fülle die für die Arbeit wesentlichen herauszufiltern. Dem Unternehmen, dem es nicht gelingt, in die wesentlichen Schlüsselpositionen eines Unternehmens Menschen zu bringen, die diesen modernen Anforderungen gerecht werden, stehen böse Zeiten ins Haus.

10. Ausblick

Dieses Buch hat sich mit einer Analyse der gegenwärtigen Situation im Hinblick auf Chancengleichheit in der Industrie in Deutschland befasst, ohne dabei internationale Aspekte zu vernachlässigen. Die Gründe, die dafür sprechen, eine an Chancengleichheit orientierte Personalpolitik zu praktizieren, wurden ebenso behandelt wie die Vorwände, die herangezogen werden, um sich den Anforderungen an modernes Personalmanagement zu entziehen. Die Autoren haben an vielen Stellen ihre Argumentation mit einem Blick auf die Praxis eines bekannten deutschen Unternehmens, der Deutsche Lufthansa Aktiengesellschaft, unterlegt. Auch wenn es sich beim Lufthansa-Konzern um eine Gruppe handelt, die mit über 70.000 Mitarbeiterinnen und Mitarbeitern schon zu den größeren Firmen zu rechnen ist, können aus der hier geübten Praxis Ableitungen und Hinweise auch für kleinere Unternehmungen gewonnen werden. Die Autoren haben sich diesem Thema auch ausdrücklich zugewandt.

Sollte nun das Bild entstanden sein, dass bei der Deutsche Lufthansa „alles in bester Ordnung" ist, was das Thema „Diversity/Chancengleichheit" angeht, so ist dieser Eindruck zwar nicht völlig falsch, Anlass, sich bequem zurückzulehnen, besteht indessen nicht.

Das Thema „Diversity-Management" hat in unserem Unternehmen durch entsprechende organisatorische Vorkehrungen und sie begleitende Kommunikation im Jahre 2001 einen besonderen Stellenwert bekommen. Wir wollen ganz bewusst unsere Kundenorientierung auch dadurch unter Beweis stellen, dass wir der Vielfalt unserer Zielgruppe auch mit der Zusammensetzung unseres Personals Rechnung tragen. In diesem Buch wurde ausgeführt, dass homogene Gruppen nur selten zu heterogenen Lösungen kommen. Mit anderen Worten: Nur dann werden wir den hochdiversifizierten Wünschen unserer Kunden gerecht werden können, wenn wir in der Lage sind, „in ihren Köpfen zu denken" oder besser noch, „mit ihrem Bauch zu fühlen".

Eine an Diversity ausgerichtete Personalpolitik – und damit gehen wir jetzt einen großen Schritt weiter als mit dem Postulat nach Chancengleichheit – findet also ihren Auslöser nicht nur in dem ethisch fundierten Versuch, Mitarbeitenden *aller* Provenienz faire Chancen in einem Betrieb zu bieten, sondern auch in marketinggesteuerten wirtschaftlichen Überlegungen. Deshalb darf man sie nicht weniger positiv beurteilen, im Gegenteil, ein Vorgehen, das seine Berechtigung aus verschiedenen Quellen speist, ist meist auf solidere Mauern gegründet und holt seine Akzeptanz aus von einander unabhängigen Sachverhalten.

Wir sind davon überzeugt – auch das klingt in diesem Buch an – , dass wir es uns gar nicht (mehr) leisten können, auf qualifizierte Kräfte zu verzichten oder verzichten zu müssen, nur weil sie den Weg zu uns nicht gehen aus Gründen, die wir allein zu vertreten haben. Ich meine hiermit eine Personalpolitik, die die Vielfältigkeit der Menschen negiert, die glaubt, die Mitarbeiter und Mitarbeiterinnen hätten sich ausschließlich nach den Belangen des Unternehmens zu richten und diese hätten mit Privatsphäre und Familienangelegenheiten nun einmal nichts zu tun.

Mit dieser antiquierten (vermeintlich auch bequemen) Einstellung wird ein Untenehmen im harten internationalen Wettbewerb nicht überleben. Die Besten der Guten werden andere Möglichkeiten finden, sich ihre Vorstellungen von (Arbeits-) Leben zu erfüllen.

Eine moderne Personalpolitik wird es auch schaffen, etwas zu vermitteln, was lange Zeit verpönt war: Spaß an der Arbeit.

Dr. Martin Schmitt,
Bereichsleiter Konzern Personalpolitik und Services
Deutsche Lufthansa AG in Frankfurt

Literaturverzeichnis

Asgodom, Sabine,
Eigenlob stimmt. Erfolg durch Selbst-PR, Econ Verlag, München, 1999
Balancing. Das ideale Gleichgewicht zwischen Beruf und Privatleben,
Ullstein, Berlin, 2001

Assig, Dorothea und Andrea Beck,
Frauen revolutionieren die Arbeitswelt, Das Handbuch zur Chancengleichheit,
Verlag Vahlen, München, 1996

Badinter, Elisabeth,
Ich bin Du, Die neue Beziehung zwischen Mann und Frau oder
Die androgyne Revolution, Serie Piper Frauen, München, 1992

Biddulph, Steve,
Männer auf der Suche, Sieben Schritte zur Befreiung, Beust, München, 1997

Bischoff, Sonja,
Männer und Frauen in Führungspositionen der Wirtschaft in Deutschland,
Neuer Blick auf alten Streit, DGFP, Köln, 1999
Top-Arbeitgeber für Frauen. Wer sie sind. Was sie bieten, Mannheim, 1996

Bly, Robert,
Eisen Hans, Ein Buch über Männer, Knaur, München, 1991

Böhm, Hans und Christoph Hauke (Hrsg.),
DGFP, Personalmanagement in der Praxis, Unternehmerisches Handeln gestaltet die
Zukunft, Wirtschaftsverlag Bachem, Köln, 1995

Boyden International (Hrsg.),
Managerinnen in Deutschland, Eine Studie über ihre Karrieren, Bad Homburg, 1998

Brückner, Margrit und Birgit Meyer (Hrsg.),
Die sichtbare Frau, Die Aneignung der gesellschaftlichen Räume, Kore,
Freiburg im Breisgau, 1994

Cox, Taylor H.,
Cultural Diversity in Organizations: Theory, Research and Practice, San Francisco, 1993

Dettenhofer, Maria (Hrsg.),
Reine Männersache? Frauen in Männerdomänen der antiken Welt, dtv, München, 1994

Deutsche Lufthansa AG (Hrsg.),
Bericht Personal 2000/2001, Köln, 2001

Deutsches Jugendinstitut (Hrsg.),
Orte für Kinder, Auf der Suche nach neuen Wegen in der Kinderbetreuung,
Verlag DJI, Weinheim, 1994

Domsch, Michel und andere Autoren, Hrsg.
Hamburger Senatsamt für die Gleichstellung, Teilzeitarbeit für Führungskräfte,
Einer empirische Analyse am Beispiel des hamburgischen öffentlichen Dienstes,
München, 1994

Domsch, Michel und Erika Regnet,
Weibliche Fach- und Führungskräfte, Wege zur Chancengleichheit,
Schäffer Verlag, Stuttgart, 1990

Doppler, Klaus und Christoph Lauterburg,
Change Management – den Unternehmenswandel gestalten,
Campus Verlag, Frankfurt am Main, 2000

Duby, Georges und Michelle Perrot,
Geschichte der Frauen, in drei Bänden: Frühe Neuzeit, 19. Jahrhundert, 20. Jahrhundert,
Campus Verlag, Frankfurt am Main, 1994

Duff, Caroly S. und Barbara Cohen,
Wenn Frauen zusammen arbeiten, Solidarität und Konkurrenz im Beruf,
Krüger, Frankfurt am Main, 1995

Edding, Cornelia,
Agentin des Wandels, Der Kampf um Veränderung im Unternehmen,
Gerling Akademie Verlag, München, 2000

Ehmann, Hermann,
Männerängste, Wovor Männer sich wirklich fürchten, Kreuz, Stuttgart, 1997

Erler, Gisela und andere Autoren,
Von Europa lernen, Innovative und familienfreundliche Personalführung in kleinen und
mittleren Unternehmen: Erfahrungen aus drei europäischen Regionen, München, 1994

Fahrholz, Bernd (Hrsg.),
Frauen Karriere Familie,
Universum Verlagsanstalt, Wiesbaden, 2001

Faludi, Susan, Backlash,
The Undeclared War Against American Women, Anchor Books,
New York und andere Orte, 1992

Fauth-Herkner, Angela (Hrsg.),
Flexibel ist nicht genug, Vom Arbeitszeitmodell zum effizienten Arbeits(zeit)-management, Datakontext, Frechen, 2001

Ferber, Marianne A. und Julie A. Nelson (Hrsg.),
Beyond Economic Man, Feminist Theory and Economics,
The University of Chicago Press, Chicago und London, 1993

Fischer, A. und andere,
Jugend 2000, 13. Shell Jugendstudie, Opladen, 2000

Franks, Suzanne,
Das Märchen von der Gleichheit, Frauen, Männer und die Zukunft der Arbeit,
Deutsche Verlags-Anstalt, Stuttgart, 1999

Friday, Nancy,
The Power of Beauty, HarperCollinsPublishers, New York, 1996

Gemeinnützige Hertie-Stiftung,
Unternehmensziel: Familienbewußte Personalpolitik,
Ergebnisse einer wissenschaftlichen Studie, Wirtschaftsverlag Bachem, Köln, 1999

Gesellschaft für Informationstechnologie und Pädagogik am IMBSE (Hrsg.),
Beschäftigungsrisiko Erziehungsurlaub, Die Bedeutung des „Erziehungsurlaubs" für die Entwicklung der Frauenerwerbstätigkeit, Westdeutscher Verlag, Opladen, 1998

Goldberger, Nancy, Jill Tarule, Blythe Clinchy und Mary Belenky,
Knowledge, Difference, and Power, Women's Ways of Knowing,
BasicBooks, New York, 1996

Goleman, Daniel,
Working with Emotional Intelligence, Bantam Books, New York und andere Orte, 1998
Emotional Intelligence, Bantam Books, New York und andere Orte, 1995

Greene, Robert,
Power, Die 48 Gesetze der Macht, Hanser, München, Wien, 1999

Grosz-Ganzoni, Ita-Maria (Hrsg.),
Widerspenstige Wechselwirkungen, Feministische Perspektiven in Psychoanalyse, Philosophie, Literaturwissenschaft und Gesellschaftskritik, edietion diskord, Tübingen, 1996

Habisch, André (Hrsg.),
Familienorientierte Unternehmensstrategie, Beiträge zu einem zukunftsorientierten Programm, Rainer Hampp Verlag, München, 1995

Hagemann, Ulrich, Brigitta Kress und Harald Seehausen,
Betrieb und Kinderbetreuung, Kooperation zwischen Jugendhilfe und Wirtschaft.
Leske + Budrich, Opladen, 1999

Hansen, Katrin und Gisela Goos,
Frauenorientiertes Personalmarketing, Chancen – Wege – Perspektiven.
Verlag Wissenschaft & Praxis, Sternenfels, 1997

Harragan, Betty Lehan,
Games Mother Never Taught You. Warner Books, New York, 1992

Hauser, Renate,
Dialogmanagement. Soziale Kompetenz und emotionale Intelligenz Für Manager.
Metropolitan Verlag, Düsseldorf, Regensburg, 1997

Heim, Pat und Susan K. Golant,
Frauen lernen Fighten. Haufe bei Knaur, München, 1995

Helgesen, Sally,
Frauen führen anders. Heyne Verlag, München, 1995

Hite, Shere,
Wie Frauen Frauen sehen, Neue Wege zwischen Zuneigung und Rivalität – Analyse
einer Gesellschaft im Umbruch, Europavelag, München, Wien, 1997

Höhler, Gertrud,
Wölfin unter Wölfen, Warum Männer ohne Frauen Fehler machen.
Econ, München, 2000

Höhler, Gertrud und Michael Koch,
Der veruntreute Sündenfall, EntZweiung oder neues Bündnis.
Deutsche Verlags-Anstalt, Stuttgart, 1998

Hollstein, Walter,
Männerdämmerung – von Tätern, Opfern, Schurken und Helden, Sammlung
Vandenhoeck, Göttingen, 1999
Die Männer. Vorwärts oder zurück? Stuttgart, 1990

Irigaray, Luce,
Ethik der sexuellen Differenz, edition suhrkamp, Frankfurt am Main, 1991

Krell, Gertraude (Hrsg.),
Chancengleichheit durch Personalpolitik, Gleichstellung von Frauen und Männern in
Unternehmen und Verwaltungen, 2. Auflage, Gabler, Wiesbaden, 1998

List, Elisabeth und Herlinde Studer (Hrsg.),
Denkverhältnisse, Feminismus und Kritik, edition suhrkamp, Frankfurt am Main, 1989

Loden, Marilyn,
Implementing Diversity, Mc Graw Hill, New York und andere Orte, 1996

McCorduck, Pamela und Nancy Ramsey,
Die Zukunft der Frauen, Szenarien für das 21. Jahrhundert,
S. Fischer, Frankfurt am Main, 1998

Möller, Kurt (Hrsg.),
Nur Macher und Macho? Geschlechtsreflektierende Jungen- und Männerarbeit,
Juventa Verlag, Weinheim, 1997

Mues, Ingeborg (Hrsg.),
Was Frauen bewegt und was sie bewegen, Fischer, Frankfurt am Main, 1998

Naisbitt, John (Hrsg.),
Megatrends Asien, Acht Megatrends, die unsere Welt verändern,
Signum Verlag, Wien, 1995

Oppermann, Katrin und Erika Weber,
Frauensprache – Männersprache, Die verschiedenen Kommunikationsstile von Männern
und Frauen, Orell Füssli, Zürich, 1995

Peters, Sybille und Norbert Bensel (Hrsg.),
Frauen und Männer im Management, Diversity in Diskurs und Praxis, Gabler,
Wiesbaden, 2000

Pfeifer, Christel und Peter H. Ditko,
Frauen, die Karriere machen, Strategien für beruflichen und privaten Erfolg,
Econ, Düsseldorf und München, 1998

Pinl, Claudia,
Männer lassen arbeiten, 20 faule Tricks, auf die Frauen am Arbeitsplatz hereinfallen,
Krüger, Frankfurt am Main, 2000
Vom kleinen zum großen Unterschied, Fischer, Frankfurt am Main, 1995

Pusch, Luise F. (Hrsg.),
Töchter berühmter Männer, insel taschenbuch, Frankfurt am Main, 1988

Riebe, Helga, Sigrid Düringer und Herta Leistner (Hrsg.),
Perspektiven für Frauen in Organisationen, Neue Organisations- und
Managementkonzepte kritisch hinterfragt, Votum, Münster, 2000

Rubin, Harriet,
Machiavelli für Frauen, Strategie und Taktik im Kampf der Geschlechter,
Krüger, Frankfurt am Main, 1998

Sander, Gudrun,
Von der Dominanz zur Partnerschaft, Neue Verständnisse von Gleichstellung und
Management, Haupt, Bern, Stuttgart, Wien, 1998

Sattelberger, Thomas,
Human Resources Management im Umbruch, Positionierung Potentiale Perspektiven,
Gabler Verlag, Wiesbaden, 1996

Schwarzer, Alice,
Der große Unterschied, Gegen die Spaltung von Menschen in Männer und Frauen,
Kiepenheuer und Witsch, Köln, 2000

Schwarzer, Ursula,
Arbeit schützt vor Armut nicht, Das Märchen von der Chancengleichheit im Beruf,
Serie Piper Frauen, München. Zürich, 1993

Seehausen, Harald,
Familie Arbeit Kinderbetreuung, Berufstätige Eltern und ihre Kinder im Konfliktdreieck,
Leske und Budrich, Opladen, 1995

Shapiro, Gillian und Sarah Austin,
E-Quality Driven Total Quality, Brighton, 1995

Storch, Maja,
Die Sehnsucht der starken Frau nach dem starken Mann,
Walter Verlag, Düsseldorf und Zürich, 2000

Tannen, Deborah,
The Argument Culture, Moving from Debate to Dialogue. Random House,
New York, 1998
Job Talk, Wie Frauen und Männer am Arbeitsplatz miteinander reden,
Kabel Verlag, Hamburg, 1995
Das hab' ich nicht gesagt, Kommunikationsprobleme im Alltag, Kabel, Hamburg, 1992
Du kannst mich einfach nicht verstehen, Warum Männer und Frauen aneinander
vorbeireden, Ernst Kabel Verlag, Hamburg, 1991

Thege, Britta, Ingelore Welpe und Adelheid Bonnemann-Böhner,
Ladies first, Verdrängungsprozesse erwerbstätiger Frauen im Wandel der Wirtschafts-
und Arbeitswelt, Rainer Hampp Verlag, München und Mering, 1996

Trömel-Plötz, Senta,
Frauensprache: Sprache der Veränderung, Fischer,
Die Frau in der Gesellschaft, Frankfurt am Main, 1983

Vollmer, Marianne,
Frauen im Unternehmen, Gute Mitarbeiterinnen finden, fördern und behalten, Verlag moderne Industrie, Paderborn, 1993

Wolf, Naomi,
Die Stärke der Frauen, Gegen den falsch verstandenen Feminismus, Droemer Knaur, München, 1993

Wunderer, Rolf und Petra Dick (Hrsg.),
Frauen im Management, Kompetenzen, Führungsstile, Fördermodelle, Luchterhand, Neuwied und andere Orte, 1997

Stichwortverzeichnis

Konzepte für das neue Jahrtausend

Gleichstellung
von Frauen und Männern erzielen

Management der betrieblichen Gleich-
stellungspolitik – Personalbewegungen
– Arbeits(zeit)gestaltung – Entgelt- und
Sozialpolitik – Zusammenarbeit und
Führung

Namhafte Experten aus Wissenschaft
und Praxis präsentieren das Grund-
lagenwissen der Personalpolitik.
Außerdem analysieren sie Themen wie
z. B. Personalbeurteilung, Leistungsvergütung oder Reorganisation. Neben
den für das jeweilige Handlungsfeld
bedeutsamen Rechtsnormen werden
Forschungsergebnisse sowie Erfahrungen als Problemanalysen vorgestellt
und daraus Handlungsempfehlungen
für die Praxis abgeleitet.

In der 3., überarbeiteten, aktualisierten
und erweiterten Auflage wurden die
Themen ,Managing Diversity' und
,Teilzeit in Führungspositionen' sowie
,Diversity-orientierte Beurteilung von
Führungskräften' vertieft und um Praxis-
beispiele ergänzt. Neu hinzugekommen
sind Beiträge zu ,Gender Mainstreaming'
und Ergebnisse einer Befragung der
Mitglieder des ,Forum Frauen in der
Wirtschaft'.

Gertraude Krell (Hrsg.)
**Chancengleichheit
durch Personalpolitik**
Gleichstellung von Frauen und
Männern in Unternehmen und
Verwaltungen. Rechtliche Rege-
lungen – Problemanalysen –
Lösungen
3., überarb. u. erw. Aufl. 2001.
XII, 493 S. mit 32 Abb.
Br. DM 98,00 / € 49,00
ISBN 3-409-32229-9

Änderungen vorbehalten. Stand: Oktober 2001

Gabler Verlag · Abraham-Lincoln-Str. 46 · 65189 Wiesbaden · www.gabler.de

GABLER